N잡러의 N가지 명품 언박싱

N잡러의 N가지 명품 언박싱

초판 1쇄 발행 | 2021년 8월 9일

지은이 | 뮤시아
펴낸이 | 김지연
펴낸곳 | 마음세상

주 소 | 경기도 파주시 한빛로 70 515-501

신고번호 | 제406-2011-000024호
신고일자 | 2011년 3월 7일

ISBN | 979-11-5636-459-7 (03190)

원고투고 | maumsesang2@nate.com

* 값 13,300원

* 마음세상은 삶의 감동을 이끌어내는 진솔한 책을 발간하고 있습니다.
참신한 원고가 준비되셨다면 망설이지 마시고 연락주세요.

N잡러의 N가지 명품 언박싱

뮤시아 지음

마음세상

들어가는 글

나도 몰랐고, 아무도 몰랐지만 나는 늘 자존감이 낮았다.

자존감이 낮은 게 디폴트값이라 스스로에 대한 확신이 없고 남의 눈치를 엄청나게 보는 그 상태가 누구에게나 당연한 줄 알았던 것 같다. 미약한 바나나 알레르기가 있는 사람이 바나나는 원래 목에서 약간 알싸한 맛이 나는 과일이라고 착각하는 것처럼, 잘 지내다가도 문득 내가 과연 잘살고 있는 게 맞는 걸까 불안감이 드는 게 그저 인생의 맛이려니 생각했다.

나는 사실은 돈 밝히고, 비싼 거 무지하게 좋아하는 사람인데도 세속적인 삶에 대한 이상한 선입견 때문에 평소보다 돈을 많이 번 달에는 내가 열심히 일했다는 성취감 이면에 뭔가 잘못한 게 있지는 않을까 찜

찜함을 느꼈고, '감히 건방지게' 들떴다가는 앞으로 불운이 닥칠까 봐 두려워 순수하게 기뻐하지도 못했다. 물론 세상에 돈보다 중요한 가치도 많다는 건 지금도 동의하나, 과거의 나는 물질적인 것을 조금이라도 탐내면 스스로가 속물이라고 느껴져 괴로울 정도로 극단적인 면이 있었다.

부자는 악, 가난한 자는 선이라는 편협한 도덕을 신처럼 섬기며, 사치스러운 내 취향을 스스로에게조차 들키지 않게 꼭꼭 숨긴 채 올바름이라는 캐릭터를 연기하며 살았다. 내 머릿속 올바름이란, 검소하고 소박한 삶에서 행복을 찾는 안빈낙도의 정신, 무소유에서 오는 마음의 평화 같은 거였다. 덧붙여서 희생정신까지 투철하면 금상첨화라고 하겠다. 그런 것들을 추구하는 삶이 잘못된 건 아니지만 나를 극단적이었다고 표현한 이유는 안빈낙도, 무소유, 희생정신만이 유일한 선이고 거기서 요만큼이라도 어긋나면 부끄럽고 죄책감마저 느꼈기 때문이다. 무슨 억하심정으로 물질적이고 세속적인 것에만 엄격한 잣대를 들이댔나 모르겠다. 위선적인 게, 해도 되는 것과 안 되는 것을 알량한 기준으로 나눴기 때문에 여행을 다니며 견문을 넓히거나 뭔가를 배우는 등 자기 계발에 관련해서 쓰는 돈에는 상당히 소프트했는데 말이다.

나도 눈이 있으니까 지나가다 예쁜 명품백을 보면 시선이 갔다. 그러나 어쩌다 비싼 가방을 보고 갖고 싶다는 욕망이 불쑥 고개를 들면 '이 사치스러운 철부지 여자야. 정신 안 차릴래?'며 셀프 가스라이팅을 해

대고, '명품백 가져서 어디다 써, 그딴 거 다 부질없고 나는 갖고 싶지도 않다.'며 욕망을 부정했다. 그렇게 스스로 묵살당하고 살아왔으니까 마음은 늘 혼날까 봐 불안하고 자존감이 낮을 수밖에.

21세기의 우리는 여전히 호모 사피엔스 사피엔스이며, 우리의 DNA는 태초의 그들과 동일하다. 서면 앉고 싶고 앉으면 눕고 싶고, 욕심에는 끝이 없는 게 사람 본능이고, 사람이 사람인 이상 절내 변하시 않을 거다. 의식적으로 아무 생각도 안 하는 게 거의 불가능한 것과 마찬가지로 더 편하고 좋은 것을 숨 쉬듯이 자연스럽게 욕망하는 게 당연한데도, 당연한 그 일이 일어날 때마다 내가 정한 잣대에서 벗어나면 왠지 모를 자괴감에 빠졌다. '욕망, 욕심' 이런 종류의 단어에 부정적인 뉘앙스가 스며있다고 사회적으로 학습되었기 때문일까.

온종일 나의 무의식 속에서 나는 좋은 사람이었다가 나쁜 사람이었고, 고상했다가 속물이었다. 첨예하게 오락가락한 머릿속 재판이 종일 일어나고 드디어 하루를 마쳤을 때, 내가 최종적으로 속물이고 나쁜 사람으로 판결나면 나 자신에 대한 확신이 사라지고, 원인을 알 수 없는 죄의식을 느끼며 잠이 드는 거다.

내가 자주 꿨던 꿈에서 그런 나의 죄의식의 크기를 엿볼 수 있다. 꿈 속의 나는 아주 어릴 적에 완전범죄를 저지른 적이 있는데 그 죄책감으로 어마어마하게 괴로워했다. 잠에서 깨면 때때로 비몽사몽간에 내가 그런 범죄를 실제로 저지른 적이 있었나 착각이 들 때도 있어서 섬뜩했다. 그 꿈은 수능을 다시 보는 꿈과 더불어 주기적으로 꿨던 나의 단골

악몽이다. 나의 죄의식은 백지상태의 지금 머리로 내일 당장 수능을 본다는 절망감과 비슷한 수준이었던 것 같다. 정말 자주 꾸던 꿈의 패턴인데 사고방식과 가치관이 완전히 달라진 최근에는 그 꿈을 꾼 적이 한 번도 없다. 신기한 일이다.

쥐도 코너에 몰면 고양이를 문다고 하지 않나. 말도 안 되는 나만의 잣대에 그럭저럭 순응하며 살아오던 어느 날, 옷장을 보고 갑자기 울화가 치밀었다.

어떠한 이미지에 끼워 맞추느라 30년 넘도록 제대로 된 옷 한 벌, 가방 하나, 구두 한 켤레 못 사본 내 인생이여.

이게 정말 내가 원하는 게 맞아?

그 순간 갑자기 다른 사람이 된 것처럼, 거짓된 삶은 옷장과 함께 모두 갖다버렸다. 비유가 아니라 당장 한 계절 입을 옷만 남기고 양말 한 조각까지 다 버렸다. 그리고 1년 좀 안 되는 동안 매달 명품을 질렀다. 가방도 사고, 옷도 사고 생전 사 본 적 없던 것들을 실컷 사 모았는데, 사다 보니까 비싼 걸 샀기 때문에 기분이 좋은 것만은 아니라는 걸 깨달았다. 무엇인가 갖고 싶다고 말하는 솔직한 내 속마음을 비판 없이 들어주고 그걸 샀다는 게 신난 포인트였다. 내 본성이 나쁜 게 아니라고 인정함과 동시에 나 자신을 잘 대해주기 시작하자 자존감이 올라갔다. 명품백을 줄줄이 사면서 지출이 말도 못 하게 늘었어도 1년간의 총

11

수입과 지출을 따져보니 결국 그만큼 쓰고도 돈이 모였다.

　버는 만큼 쓰고 쓰는 만큼 버는 법, 돈도 자기를 좋아하는 사람을 좋아하나 보다.

　나는 온/오프라인 기타 강사이자 음원 유통사 '뮤시아'와 수익화 블로그를 운영하고 이제는 에세이 작가로 첫발을 뗀, 프리랜서로서 Job 多한 삶을 사는 프로 N잡러다.
　당시 코로나로 인해 기타수업은 모두 사라져 수입의 한 축이 무너졌음에도 나는 이제 갖고 싶은 걸 가져야 했고, 더는 마음속에 거리낌 없이 느끼는 성취감을 원동력 삼아 열정을 다 바쳐 일했다.
　이 책에는 내가 한 해 동안 자신을 스스로 돌보며 자존감을 높인 방법과 회사를 안 다니고도 집에서 돈을 버는 방법, 돈을 부르는 사고방식에 관한 내용이 다양한 예시와 함께 담겨 있다. 또한, 어떤 명품백을 언제 왜 무슨 마음으로 샀고, 그걸 구매하고 나서 떠오른 생각, 나의 달라진 가치관과 생활방식이 내 삶에 어떤 영향을 미쳤는지 솔직하게 적어보았다.

2000년대 초,
된장녀라는 말이 나에게 미친 영향

1990년대 말, 2000년대 초반. 어디서부터인지 모를 말이 유행하기 시작했다.

전국을 강타한 바로 그 단어 '된장녀'. 남자에게 명품백을 사 달라 조르며, 경제 관념이 없는 여자를 비하하는 의미에서 나온 된장녀라는 그 말은 언론에서도 사용될 정도로 파급력이 높았고, 20년이 더 지난 지금도 기사에서 종종 본 적이 있을 정도로 사람들의 마음속에 깊게 뿌리내린 단어이다. 당시 유행하던 L 사의 명품백을 들고 (그때 당시 기준으로는) 비싼 수입 프랜차이즈 카페를 가는 여자의 이미지로 그려지곤 하던 된장녀를 사람들은 참 혐오했다.

혐오하면 개념이 제대로 있는 사람, 그렇지 않으면 된장녀와 동급이라고 여겨져도 할 말 없던 그 시절. 아마 명품 가방을 들 때, 자기 돈으로 샀음에도 불구하고, 나도 된장녀 소리를 듣는 건 아닐까 한 번쯤 신경 쓰여 본 적, 없지는 않을 것이다. 나만 그랬나? 우리 엄마한테도 명품백이 하나 있긴 했었는데 고등학교 1학년 때는 몇 번 빌려서 들었다가 오히려 성인이 된 무렵 된장녀라는 단어에 대한 공포가 깊숙이 자리 잡히자 민망해서 더는 못 들게 되었다.

2004년은 내가 대학에 입학하던 해였다.

부모님으로부터 대학 입학선물로 명품백을 선물로 받아서 들고 다니는 또래 친구들이 많았다. 특히나 3초마다 보인다고 해서 '3초 백'이라는 별명이 있던 명품백, 큰 가방이 유행하던 시대를 평정했던 '절대 다 채울 수 없다'는 이름이 붙은 L 사 큰 토트백은 집집마다 하나씩은 다 있는 것처럼 느껴졌을 정도였는데 여기저기 다 잘 어울려서 솔직히 지금 봐도 예쁘다.

나도 1지망 하던 대학에 합격했으니 하나쯤 사달라고 했다면 우리 부모님도 사주셨을 것을, 그런 가방을 들고 다녔다가 욕먹으면 어쩌나 지레 겁먹고 명품백 사달라고 입도 뻥긋한 적 없다. 차라리 그냥 안 사기만 했으면 다행이지. 명품백은 나한테 어울리지 않고 필요도 없다며 혼자 핑계를 만들고, 괴상한 반발심이 샘솟아 배낭이나 헬스장에 들고 갈 법한 스포츠 더플백 같은 가방만 들고 다녔던 기억이 난다. 내가 주로 입고 다녔던 스타일은 청바지에 커다란 티셔츠, 그 위에 정말 아무 옷이나 주렁주렁 껴입는 마구잡이 스타일이었다. 같은 학번 동기들끼리 단체로 맞춘 후드 달린 기념 조끼, 후드티, 또 후드 달린 과 잠바를 겹겹이 껴입어서 한 번에 후드 모자 세 장이 겹치게 입을 때도 많았을 지경이니 확실히 패션 감각이 전혀 없었는데, 나는 그런 것에 상관하지 않으니까 멋있다고 생각하려 '노력'했다.

고등학교 때까지는 학교에서 동갑인 친구들 사이에서만 지냈던 탓인지 처음 접하게 된 대학교는 인간관계부터 시작해 온갖 생소한 것들로 가득했고, 신경 써야 할 것들이 한둘이 아니었다. 이 작은 사회에서 절대로 사람들 눈에 찍히고 싶지 않다는 마음으로 대학 생활을 시작했다. 주변에 옷 잘 입는 사람들이 많아서 너무 중성적인 선머슴 스타일에서는 얼마 안 가 눈치껏, 정도껏 벗어나 그때 유행하던 굽이 12cm나 되던 킬힐도 신고, 미니스커트도 입곤 했지만, 무엇이 됐든 나는 20대 시절 내내 조금이라도 비싼 옷이나 가방은 절대 살 수 없는 사람이었다.

고기도 먹어본 놈이 먹는다는 말이 있다.

옷장에는 매번 어딘가 지나가다 산 5천 원짜리 티셔츠가 한가득, 코트도 한 철이 지나자 더 입을 수 없게 보풀이 나는데도 굳이 한 철 더 입고 버렸고, 저렴한 티가 나던 가방을 막 메고, 아무리 반창고를 대도 발뒤꿈치가 까지고 발바닥에 불이 나던 싸구려 구두도 꾸역꾸역 신었다. 대학교를 졸업하자마자 회사에 다니며 돈을 벌면서도 여전히 내 무의식중에는 된장녀라는 단어가 가시처럼 박혀 있어서 검소함과 궁상맞음의 중간 어디쯤인 생활 방식을 벗어날 수 없었다. 사실 내가 그렇게 팍팍하게 자기 검열을 하면서 살든지 말든지 주변에 명품백 든다고 남을 비난하는 사람을 실제로는 한 번도 못 봤다. 3초 백을 든 수많았던 친구들은 별 탈 없이 학교생활을 마쳤으며, 졸업하고도 더 다양한 명품 백을 들면서 잘들 살았다.

그러다가 30대의 어느 날, 문득 내 옷장이 눈에 거슬리는 날이 찾아왔다. 고작 남한테 욕먹을까 무섭다는 이유로 구질구질한 것들만 가득하고 가치 있는 물건은 하나도 없는 옷장을 보는데 갑자기 울화가 치밀어 당장 입어야 할 여름옷만 남긴 채 모든 것을 갖다 버렸다. 100벌이 뭐야. 200벌은 더 되는 것 같다. 상상할 수 있는 모든 걸 다 버렸다고 생각하면 된다.

어두운색이니까 보푸라기 나도 괜찮다고 합리화하며 입었던 싸구려 코트, 나는 추위를 안 타니까 괜찮다고 역시나 합리화하며 입었던 싸구려 솜 패딩 점퍼, 당연히 멀쩡할 수 없는 몇 년 전에 산 싸구려 니트 스웨터들. 남을 주기에도 민망해서 대부분은 버렸고, 그나마 상태가 깨끗한 것들만 골라서 한 사회적 기업에 전부 기부했다. 나중에 받은 기부금 영수증 중 한 장에는 21만 7천 원이 찍혀있었는데 아마 내가 기부한 옷의 원가가 그 정도도 안 될 것 같다는 자조적인 생각이 들었다.

명품백을 들고 카페를 가는 멀쩡한 사람을 된장녀라고 손가락질하던 사회가 편견에 가득차고 나쁘다 생각했으면서, 가만 보면 내가 가장 편견이 깊은 사람이었는지도 모르겠다. 어떤 이들한테는 그저 몇 년 치의 옷장 정리를 한꺼번에 했다고 볼 대수롭지 않은 일이겠지만 나는 누굴 주기에도 민망한 초라한 내 옷과 가방과 신발을 다 끄집어내며 인생을 잘못 살아온 것 같다는 생각에 휩싸였다. 이곳저곳에서 수집한 '쿨하고 올바르고 선한 사람'에 대한 조각들을 부지런히 기워 만든, 내 의견은 하나도 안 들어간 누더기 롤모델을 좇으며 10대, 20대 모든 시절과 30대의 절반을 통틀어 뭘 그리도 증명하려 했나 모르겠다. 그 결과가 고작 옷 무덤인 건가.

해를 향해 쭉쭉 뻗어 나가는 해바라기 취향이면서 역경을 딛고 피어난, 그냥 꽃도 아닌 들꽃 취향을 가져보려 노력했다. 황새가 뱁새 걸음 따라가느라 스텝이 꼬여 제 발에 걸려 넘어졌다.
이것도 뱁새, 이것도 들꽃, 이것도 누더기! 그렇게 몇 차례를 비워낸 옷장이 그야말로 내일 당장 이사 앞두고 짐 싸놓은 집처럼 텅 비었다. 드디어 속이 좀 후련해지는 기분이었다.

나도 명품백 갖고 싶어

이사를 앞둔 집처럼 뒷벽이 휑하게 다 보일 정도로 빈 옷장을 보며 30년 넘게 살아올 동안 괜찮은 옷 한 벌 못 샀구나 싶어서 약간 슬퍼졌다. 앞으로는 뭔가를 살 때 10년을 내다보고 구매하리라 다짐했다. 지금 생각해보면 나도 참 비약이 심했지만, 그때는 살아오면서 아무 발자취를 남기지 않은 것만 같은 패배감이 들었을 정도였다. 무언가 당장 바꿔야겠다는 초조함이 들기 시작했다.

나도 좀 좋은 것, 명품백이 갖고 싶어졌다.

나는 어릴 때 발레 하는 친구들을 남몰래 동경했는데 그런 건 왠지 드라마에 나오는 부잣집에서만 하는 거로 생각해서 배우고 싶다고 집에다 입도 뻥끗한 적 없었다. 그 어릴 때부터 왜 그렇게 입도 뻥끗 안 한 건지 알 수가 없네.

그런 내가 어릴 때 했던 유일한 활동은 공부뿐이었다. 책이나 문제집 쯤이야 얼마든지 사달라고 졸라도 다 사주셨고, 심지어 책 사달라고 조른다고 칭찬받았으니까?

이유야 어쨌든 공부하는 건 오랜 습관이 되어, 그저 당장 백화점에 가서 내 눈에 어떤 가방이 예쁜지 구경이나 하면 될 것을 굳이 브랜드의 역사나 기업 가치 같은 것부터 알아보며 공부하기 시작했다.

명품 브랜드에 관해 관심 가진 지 얼마 되지 않아서 3대 명품 브랜드라고 불리는 세 가지 하이엔드 브랜드 H, C, L이 가장 인기가 높다는 걸 알게 되었다. 더 오래된 브랜드도 있지만 주로 저 세 브랜드가 인기도 많고 인지도도 높아서 그렇게 묶이는 것이다. 이것이 명품계의 국·영·수 과목이구나 싶었다.

사람들이 명품 핸드백을 사려고 줄을 서는 것도 눈에 보이기 시작했다. '오픈런 Open Run'이라는 신조어가 만들어질 정도로 특정 명품 매장 앞 줄서기가 성행한다는 말은 들었는데 이전에는 백화점 앞을 지나가더라도 사람들이 줄을 서 있다는 걸 인식을 못 하다가 관심을 가지니 세상이 다르게 보이는 게 신기했다.

백화점 명품 매장에 줄까지 서서 사는 건 체력소모가 심해서 딱히 무조건 서야 한다 생각하지는 않지만, 줄을 서야 할 이유가 있다면 오픈런이 매우 합리적일 수 있다. 백화점 내 C 사 매장은 대기 번호를 받고 난 후, 차례를 기다리며 다른 곳도 구경하고 밥도 먹으며 시간을 보내다가 연락이 오면 방문하는 시스템으로 돌아가고 있다. 내 시간 편한 주말 낮에 방문해서 대기 번호를 받으면 내 앞에 200팀, 300팀이 있는 건 예사라 6시간 정도 기다려서 매장에 들어가거나 아예 폐점 시간까지 못 들어가는 경우도 생긴다. 그에 비해 백화점 문 열기 1시간 만이라도 미리 나와 줄을 서서 기다리면 그날 안에는 들어갈 수 있으니 시간과 체력도 절약할 수 있고, 원하는 물건이 있을 확률도 높다. 그 때문에 아침에 조금 일찍 움직이는 게 부담스럽지 않고 꼭 사고 싶은 물건이 정해져 있을 때는 줄을 서는 게 낫다.

요즘도 뉴스 기사에서는 명품을 소비한다는 것, 명품백을 사려고 아침에 나와서 줄을 설 정도로 명품을 좋아한다는 것은 여전히 사회적으로 손가락질 받을 현상으로 다뤄진다. 자본주의에서 내가 번 돈을 내가 쓰고 싶은 곳에 쓰는 건데도 뉴스 기사의 논조는 90년대 말~2000년대의 된장녀를 바라보는 시선에 머물러있다. 댓글을 쓰는 대부분의 사람은 욕하려고 댓글을 쓰는 건지, '사람이 명품이면 시장바구니를 들어도 명품보다 멋있다'는 구태의연한 말을 하며 너나 할 것 없이 비난을 보태기 바쁘다. 그와 반대되는 댓글은 좀처럼 찾아볼 수 없다. 예전에는 나도 그렇게 시장바구니를 들어도 당당하고 멋진 사람이 되는 것만이 좋은 줄 알았는데 옷장의 거의 모든 것을 버리고 난 다음에는 전혀 공감이 가지 않는다.

사람이 명품인지 아닌지를 판단하는 무슨 기준이 정해져 있나? 각자가 추구하는 본인의 모습이 다 다른 게 아닌가. 시장바구니는 시장바구니대로의 쓰임이 있고, 명품백은 명품백대로의 쓰임이 있어서 사실 둘

다 필요한데 '시장바구니를 들면 검소하고 인성이 명품인 사람, 명품백을 들면 속이 비고 허영만 가득 찬 싸구려 인간' 이런 이분법적인 사고는 그만 흘러간 유행어와 함께 놓아주었으면 좋겠다.

내가 가진 것 중에 가치 있는 물건이 하나도 없다는 사실이 마치 인생을 헛산 것 같은 충격이 되면서 사고방식이나 가치관이 급격히 바뀌기 시작했다. 나는 갖고 싶은 것들의 목록을 만들어 하나씩 지워가고 쓸데없는 콤플렉스를 삭제해나가며 나를 전과 180도 다른 사람을 만들고 나니 자존감이 올라가고 진정한 자기애가 생기는 걸 느낀다.

갖고 싶은 것이 자꾸 생기는 건 탐욕적이라고 나쁘게 볼 일이긴커녕 건강하다는 증거다. 정당하게 일해서 번 돈으로 갖고 싶은 것을 사는 건 내가 되고 싶은 내 모습을 찾아간다는 뜻이기도 하니까. 지금 있는 그대로의 나의 모습은 내가 원해서 된 모습이 아닐 수 있다. 보푸라기 일어난 작년에 산 스웨터를 또 꺼내 입고 싸구려 가방을 들고 다닐 때도 당당하긴 했지만, 딱히 내가 원하던 모습이 아니었듯이. 나는 머리부터 발끝까지 늘 신경 쓴 내 모습이 몹시 좋다.

혹시라도 이 책을 보면서 꼭 명품이 아니더라도 스스로가 원하는 바를 떠올렸을 때 본인이 속물이라는 생각이 들어 자괴감을 느끼는 사람이 있다면 그럴 필요 없다고 말해주고 싶다.

집은 없는데 비싼 차를 타고 싶은 사람, 잘 사는 친구들과 어울리기를 은밀하게 욕망하는 사람, 출세에 눈이 먼 사람, 나보다 잘난 사람에게 시집 장가들고 싶은 사람 등 세상 사람들이 말하는 속물 카테고리는 굉장히 다양하다. 그러나 내 인생을 가장 행복하게 운전할 방법은 나 스스로만 알 뿐이다. 남이 내 인생을 대신 살아주지 않으니 법을 훼손하지 않는 선에서 원하는 바를 추구한다면 뭐든지 존중받아 마땅하다. 내 내면이 바라는 모습을 머리로 떠올렸을 때 속물처럼 느껴지더라도 부정하지 말자. 원하는 게 많다고 속물도 아니거니와, 속물이면 좀 어떠랴, 남을 해치는 것도 아닌데. 스스로에게만큼은 솔직하게 살아야 진짜 삶을 살 수 있다.

줄줄 새는 통장을 막아라

나에게 작년 초는 내면에 귀 기울이지 않고 대충 살아온 삶의 결과가 하나하나 다 거슬리는 시기였던 것 같다. 되는대로 쌓아둔 옷장을 시작으로 통장도 거슬리고, 집에서 매일 혼자 술 마시느라 10㎏ 나 늘어났던 몸도 거슬려서 다 바꿔나가기 시작했다.

옷장 다음으로 손을 댄 것은 통장이다. 내 마음이 비싸고 좋은 물건이 좋다니까 그 바람을 들어주기 위해서 무엇을 해야 하나 생각해보니 우선 경제 관념부터 싹 뜯어고쳐야겠다는 결심이 들었다. 나는 비싼 물건만 못 사는 사람이었을 뿐, 딱히 돈 관리에 빠삭한 건 아니었다. 오히려 엉망이었지. 돈 버는 족족 통장 하나에 쌓아두기만 해서 돈이 모였다기보다는 고였고, 쓸데없이 줄줄 새는 구멍이 많았다. 달리기 전에 신발 끈부터 조이듯, 돈 새는 구멍부터 막아놓고 하나씩 시작하는 게 맞겠다는 생각이 들자 드디어 전세 대출금을 상환했다.

여러분들은 어차피 다 내 돈인데 이 은행에 있던 돈 일부를 다른 곳으로 옮기는 것만으로도 이유 모를 불안함이 들었던 바보 같은 나를 이해하실지 모르겠다. 처음에 은행직원의 은근한 만류에도 불구하고 전세 대출 원금 동시 상환이 아닌 이자 단독 상환으로 정한 이유는 내 통장에서 달마다 원금과 이자를 합친 꽤 큰 액수가 훅훅 빠져나간다는 게 무서웠기 때문이었다. 이자가 더 낮으니까 원금 동시 상환으로 가라고 은행직원이 소신 있게 권해줬는데도 나는 그 말을 안 듣고 원금 상환은 부담스럽다며 매월 이자만 갚는 걸 선택했다.

투자의 귀재들은 목돈은 빌려서 쓰고, 내 돈은 다른 곳에 투자해서 대출 이자보다 훨씬 높은 수익을 내는 게 이득이라고 하지만 나처럼 금융에 어두운 사람들은 뭘 시작하기에 앞서 새는 돈부터 틀어막는 게 우선인 것 같다. 투자든 뭐든 해보는 것도 중요하지만 불필요한 고정 지출부터 해결해놓고 하나씩 시작하는 게 깔끔하기도 하고.

이자로 나가는 돈이 아깝다는 생각을 작년에 와서야 겨우 하게 되고, 전세 산 지 2년이 지나 마침 재계약도 한 김에 겸사겸사(?) 대출금을 갚아서 다행이다. 그래도 그때는 나의 돈을 조각조각 쪼개는 데에 약간 익숙해졌기에 목돈을 상환해서 당장 눈에 보이는 통장잔고는 줄었어도 헉하는 마음이 들지는 않았다.

2004년에 만들어서 계속 사용하던 하나뿐인 주거래은행 일반 예금

통장에는 웬만한 자동이체가 다 걸려있었으므로 몇 달 치 자동이체 될 금액들 빠져나갈 돈만 남기고 통장 쪼개기를 했다.

잘 모를 때는 '저축은행이라면 고리대금업자의 새 이름이 아닌가?'하고 덜컥 겁이 나서 알아볼 생각조차 안 했던 바로 그 은행의 적금 이자가 다른 곳에 비해 매우 높다는 걸 알게 됐고 저축은행 적금을 그 주에만 두 상품이나 가입했다. 이벤트성으로 높은 이자를 주는 거였기 때문에 납입 기간도 아주 길지 않고, 월 최고입금액도 제한이 걸려있던 적금 두 개는, 사람을 24시간 잠을 안 재우고 들여다보게 만든다는 암호화폐 코인처럼 대박 수익률을 안겨다 주지는 못했지만 일단 내가 고여있던 돈을 쪼개서 돈이 돈을 벌게 만들어줬다는 것만으로 굉장한 성취감을 불러왔다.

오래전부터 쭉 개인사업자였음에도 몰라서 안 들고 있었던 개인사업자용 공제에도 가입했고, 제1금융권 주거래은행에서도 적금을 하나 더 늘렸으며 높은 이자를 준다는 이벤트성 적금이란 적금은 다 들었다. 한 사람이 단기간에 여러 계좌를 만드는 게 불가능한 것도 그때 알았다. 오늘 가입이 막혔다면 스케줄 알림까지 맞춰놓고 가능한 날짜까지 기다렸다가 집요하게 가입했다. 매일 이자를 주는 CMA 파킹통장도 만들어서 목돈을 맡겨두는 등 다방면으로 돈이 놀지 않는 구조를 만들어나갔다. 요즘에는 블록체인을 이용해서 한 상품에 대한 권리를 여러 사람이 나눠 갖는 소액투자가 가능한 건물이나 미술품, 한정판 운동화 등이 참 많다. 지나가다가 5천 원, 1만 원짜리 티를 '싸니까' 하며 사던 쓸데없는 소비를 멈추고 그런 돈으로 차라리 투자를 했다. 소액이었지만 지난번에는 투자한 미술품 중 하나가 72일 만에 24% 수익을 올려서 짜 릿한 투자 원동력이 되기도 했다.

한 번 알려고 마음을 먹자 그동안 왜 몰랐을까 싶을 정도로 유용한 정보들이 꽤 많았고 재테크는 나 빼고 다 하는 것만 같았다. 다행히 그 동안 재테크에 둔했던 내가 한심하고 원통한 마음이 들지는 않았다. 매 일 금융 관련해 할 일 목록을 만들어서 정보를 모으고, 번거롭더라도 기관마다 전화 걸어 물어보고, 각종 금융 사이트를 뒤지느라 바빠서 자 기연민에 빠질 틈이 없었으니까. 내가 놓치고 있던 부분을 찾아서 해결 해가는 모든 과정이 재미있었다.

나의 금융 상태를 진단해보는 건 방 청소 같은 개념이었고, 이제 깨끗 하게 치우고 체계가 갖춰진 방을 채울 차례였다. 다음 장에서는 프리랜 서로 다양한 직업을 가진 내가 어떻게 돈을 버는지를 소개하려고 한다.

회사 안 다니면서 돈 버는 방법

나는 지금은 일하는 걸 힐링이라 할 정도로 일을 좋아하면서도 직장 일에는 소질이 없었다. 마지막 직장생활이 2012년도 무렵이었던 것으로 기억하는데 그 이후로 쭉 직업이 많은 프리랜서로 살아오는 동안 서서히 일 중독이 되었다. 프리랜서 초창기에는 주말에 일하면 굉장히 억울해했으나 요즘에는 언제나 늘 일하고 있어서인지 주중과 주말의 구분이 모호하다. 좋은 옷을 사 입거나 명품백을 사는 것은 내 사전에 있을 수 없는 일이었지만 돈은 참 부지런히도 벌었네. 아마 내 기준 올바름이란 성실함도 포함됐던 거려나.

전업주부이거나 월급 외 부수입을 올리는 데 관심 있는 분들을 위해 다양한 방법으로 돈을 번 방법에 대해 이 책을 빌려 소개하려 한다. 나는 돈 관리 능력은 빵점이었지만 아무것도 없는 데에서 돈을 버는 길을 개척하는 건 좀 잘하는 편이다.

회사를 안 다니면서도 수익을 올리는 삶은 의외로 가능하다.

나는 온라인 음원 유통사 뮤시아를 혼자 운영하고 있다. 남의 음원을 거의 모든 국내 음원 사이트와 해외 음원 사이트 일부에 무료로 올려주고 매월 빌생하는 수익금에서 수수료를 받는 구조다. 잘 팔리는 앨범만 있는 게 아니고 내가 관리하는 많은 수에 해당하는 개인 발매 앨범들은 월 수익금 다 합쳐도 오천 원 벌기 힘든 것도 많다. 거기서 세금 떼고 수수료를 챙겨봤자 2, 3천 원. 물론 수익 3천 원 나는 앨범이 1만 장이 되면 한 달에 3천만 원을 벌겠지만(정말 좋겠다!), 아직 1만 장을 채우지 못했기에 부업은 필수이다. 비록 통장은 고인 물이었음에도 이런 나의 직업적 특성 덕분에 다양한 수익구조는 마련해놓은 상태라는 점이 다행인 일이었다.

음원 유통사 뮤시아 블로그를 2014년부터 운영해오면서 블로그를 통해 얻을 수 있는 수익이란 수익은 모두 짜내고 있다. 블로그 방문자를 늘리면 음원을 듣는 사람들도 조금은 늘어날 테고, 그럼 음원 수익도 늘어날 거라 기대하며 음악과 상관없는 연예계 소식이나 생활 정보들을 거의 하루도 안 빠지고 매일매일 써 올렸더니 방문자 수가 많아지고 뜻하지 않게 블로그가 성장함에 따라 수익이 생긴 것이다. 광고 배너가 달리면 광고 수익이 나오고, 협찬받은 서비스를 블로그에 정리해 홍보성 글을 올리고 원고료를 받는다.

블로그로 돈 버는 방법을 소개하는 사람들이 다들 입을 모아 하는 말은, 누구나 가능하다는 거다. 나 역시 누구나 할 수 있고, 꾸준함만 있으면 되는 일이라고 말하고 싶다. T 사이트에 한 가지 주제에 관해 전문적으로 게시하는 블로그를 만들어 광고 수익을 올리는 것은 만만치 않은 일이나, N 사이트 블로그에 글을 게시해주고 원고료를 받는 건 조금만 노력하면 당장 시작할 수 있다.

'체험단'을 검색하면 각종 블로그 협찬, 블로그 기자단 등이 나온다. 블로그에 홍보를 맡기고 싶은 업체와 나 같은 블로거를 연결해주는 에이전트 업체를 '체험단'이라고 하고, 체험단 업체는 셀 수 없이 많다. 체험단 사이트마다 들어가서 원하는 협찬이나 기자단 건에 신청하면 블로그 일일 방문자 수나 검색 노출 빈도에 따라서 체험단이 기회를 분배해준다. 블로그 협찬이란 주로 옷, 음식, 생활용품, 화장품 등 온라인 쇼핑몰에서 판매할 수 있는 모든 것을 협찬받아 사용해보는 대가로 리뷰를 블로그에 올리는 제품 협찬과 식당, 헬스장, 네일샵, 미용실 등에 직접 방문해서 서비스받은 뒤 블로그에 올리는 방문 체험이다.

블로그를 이제 막 시작한 분들이라면 글 쓰는 연습도 할 겸, 하루에 하나 이상의 포스팅을 올리면서 이웃 숫자를 늘리는 데 집중해보자. 한 달 동안 하루에 1시간만 투자하여 글이 30개, 이웃 숫자 200명 이상이 되면 체험단에서 제품 협찬이나 방문 체험을 신청했을 때 받아줄 가능성이 생긴다.

처음 블로그를 시작하는 사람들이 어려워하는 부분은 바로 이 광고 글을 쓴다는 걸 멋쩍어하는 것이다. 광고 글은 믿을 게 못 된다는 편견이 있지만, 예를 들어 방문 체험으로 식당에 방문한 뒤 상세하게 리뷰를 적어주는 사람들이 있기 때문에 소상공인들은 비교적 적은 돈으로 홍보도 할 수 있고, 소비자들도 사진이나 가게 위치, 메뉴 가격 등의 정보를 블로그를 통해 손쉽게 찾을 수 있는 거니까 광고 글을 나쁘게 보지 말았으면 좋겠다. 지역 비즈니스 마케팅에 일조하고 있다는 자부심을 갖고 블로그를 가꾸자.

제품 협찬, 방문 체험 단계까지 달성하면 외식, 생필품 구매에 나가는 돈이 안 들어서 상당한 지출 방어가 이뤄진다. 특히 생필품의 경우는 단가가 낮고 협찬이 워낙 활성화되어 있기 때문에 초보 블로거여도 쉽게 받을 수 있다는 걸 참고해두자. 처음 제품이나 방문 협찬을 받기 시작하면 의욕이 넘쳐서 필요 없는 것도 다 받게 되는 시기가 오는데 그 단계도 한 번쯤 거쳐보는 게 도움이 된다고 생각한다. 나중에는 협찬도 꼭 필요한 것만 받게 되고, 진정성 있는 리뷰를 쓰는 밑거름이 되니까.

수익화 블로그를 만들 때 주목해야 하는 것은 바로 협찬이 아닌 기자단이다. 기자단이란 주로 직접 방문하지 않고도 사진과 키워드를 받아서 기사를 쓰듯이 블로그에 글을 올리고 원고료를 지급받는 것을 뜻한다. 취재하듯 직접 가서 찍은 사진과 함께 글을 올리는 방문 기자단도 있지만, DSLR 수준의 카메라 지참을 요구하는 경우가 많다 보니 카메라가 없으면 접근하기 힘든 분야다. 원고료가 일반 기자단보다 더 높긴 해도 이동 시간과 비용을 생각하면 아예 집 근처가 아닌 이상은 추천하지 않는다.

체험단을 통하지 않고 일반 기업에서 직접 내 블로그로 연락해오는 경우는 글 단가가 더 높다. 글 한 건에 받아본 가장 높은 금액은 10만 원짜리 온라인 교육 기업 포스팅이었다. 내가 직접 그 사이트에서 수업을 들어보면서 시리즈로 네 건의 포스팅을 지정된 날짜에 발행하는 조건으로 40만 원, 업체에서 지정해준 키워드로 검색했을 때 상단 노출이 되는 건마다 추가로 8만 원씩 더 받기로 했지만 아쉽게도 상단 노출에는 실패했다. 하지만 내가 아니더라도 블로그 세상 어딘가에는 기본 원고료 40만 원+상단 노출 성과금 8만 원*4건= 72만 원을 받은 블로거도 있을 거라는 뜻이니 놀랍지 않은가.

사진 다섯 장쯤 넣고 메뉴 소개만 해주는 간단한 식당 소개 포스팅부터 키워드 지정하고 직접 인터넷 강의를 들어본 뒤 시리즈로 글을 작성해서 거액의 원고료를 받는 일까지 기자단의 세계는 다양하다.

들어오는 의뢰 수나 원고료는 때마다 차이는 있지만, 원고료를 평균적으로 한 건에 2만 원으로 잡았을 때 아침 10시 무렵부터 점심시간 전까지 글을 네 건 정도 올린다고 가정하면 하루 8만 원을 벌 수 있다. 한 달이면 하루 8만 원*30일=240만 정도의 수익이 나는 거라서 들이는 시간을 생각해볼 때 전업으로도 나쁘지 않다. 원고료는 3.3% 원천징수 후 들어오므로 근로 계약서에 겸업 금지라고 적혀있지 않은 이상 정말 쏠쏠한 부업이라고 생각한다.

기자단 체험단 에이전시를 고를 때에는 블로그 명의를 빌려달라는 곳만 피하면 되고, 이미 많은 블로거가 이용해서 활성화된 업체를 골라

꾸준히 도전해보자.

전에는 주 3회는 늘 수업이 있었으므로 오후에는 기타를 가르치러 나갔다. 음원 유통사를 시작하기 전부터 초등학교나 청소년수련관 등에서 해온 기타수업이 코로나 이전 나의 주 수입이었는데 내가 옷장 비우기를 하며 명품에 눈 뜬 시기는 공교롭게도 코로나가 창궐하던 시기라 모든 수업이 사라져서 강의로 들어오는 수익은 사라진 상태였다. 안 하던 적금도 들고 소액이나마 투자를 하며 돈을 굴리는 동안 사람들이 안 나가니까 집에서 노래만 들었던 것인지 음원 수익이 전년도보다 증대하여 수업에서 구멍 난 수입을 채워주기는 했지만, 매달 내가 사고 싶은 것을 사려면 평소 벌던 것보다 훨씬 많은 돈을 벌어야만 했다. 어떤 걸 할 수 있을까 생각하다가 블로그에 완전히 몰입하게 됐다.

블로그도 하나 더 만들어서 키우고 있다. 진작부터 두 개 세 개 키워 놨으면 좋았을 걸 후회가 들었지만, 아예 시작을 안 한 것보다야 훨씬 낫지. 이미 수년째 블로그를 운영해 와서 매너리즘이 약간 온 상태였지만 막상 T 사이트에서 신생 블로그를 만들어서 새로 시작하니까 다시 설레고 재미있어졌다. 마치 게임의 높은 레벨을 달성한 유저가 새로운 아이디를 만들어서 아무것도 없는 상태로 새로 시작하는 느낌과 똑같다. 새로운 블로그를 T 사이트에서 만든 이유는, 거기서 낼 수 있는 광고 수익이 다른 블로그 광고 수익보다 더 후하다고 해서였다.

온라인 커머스 C 사 파트너스도 시작했다. 원래도 블로그에 일상 글을 포스팅할 때 C 사에서 주문한 식료품들로 만든 음식 레시피도 올리곤 했는데 그때 일반 링크를 다는 대신 C 사 파트너스 링크를 달면 그 링크를 타고 들어온 방문자가 주문할 경우 나는 수수료를 받을 수 있다. 내가 꼭 구매하지 않았더라도 괜찮을 것 같은 상품이 있으면 마치 쇼핑호스트가 된 것처럼 그 제품이 팔리도록 홍보 글을 쓰는 등 적극적인 방식의 파트너스 활동도 블로그 지수가 염려되지 않는 선에서 가끔 하고 있다. 원래도 하던 수수료 장사와 글 써서 원고료 받아서 먹고사는 걸 한 채널씩 각각 확대했다고 생각하자 어렵게 느껴지지 않았고 두 배로 바빠진 것 같아서 두 배로 보람됐다.

이 외에도 남는 시간에 티셔츠나 각종 문구용품을 하나씩 디자인해서 해외 사이트에 판매하는 POD(Print on Demand) 사업을 하고, 등산 갔을 때 찍은 절 사진, 꽃 사진 등 한국적인 풍경 사진들을 사진 판매 사이트에 판매하는 등 조금의 자투리 수익이라도 낼 가능성이 있는 건 다 하는 중이다. 디자인이나 사진을 전공한 것도 아니니 이런 것들이 잘 팔릴 걸 기대한 것은 아니고, 새로 만든 블로그에서 단기간에 수년 동안 해온 블로그만큼 수익이 날 걸 기대하지는 않지만, 꾸준히 목표한 바를 지켜나간다는 게 굉장한 성취감을 주기에 꾸준히 하고 있다. 108배를 하듯, 100일 기도를 하듯 당장 눈앞에 보이는 성과는 없어도 치성을 올린다는 느낌이다.

자금관리에 신경을 쓰면서 꾸준히 명품에 대한 지식을 쌓고, 엄청난 가방 컬렉션을 가진 사람들은 공통적으로 어떤 걸 가졌는지 보면서 안목을 기르는 것도 멈추지 않았다.

또 안목을 기르는 데에는 음악과 미술만 한 것도 없다는 생각에 1년 가까이 거의 주말마다 연주회 또는 미술 전시회를 본격적으로 다니다 흠뻑 빠졌다. 특히 전시회를 많이 다니며 그림 보는 눈을 기르는 건 앞서 말한 미술품 투자에도 도움이 되었다.

전보다 품질이 좋은 옷을 조금씩 사보던 그때, 내가 어떤 스타일을 좋아하고 잘 어울리는지 실험하기에는 이런 장소들이 제격이었다. 연주회와 전시회를 갈 때마다 내 나름대로는 뭘 입어야 그 장소에 어울리면서 과하지 않고 우아하게 녹아들 수 있을 것인가 고민하는 게 참 즐거웠다. 대부분의 전시회나 연주회에는 혼자 갔기 때문에 주변 사람들이 가방을 뭘 들었는지, 옷은 어떻게 입었는지도 자연스럽게 구경하게 되었다. 원래도 연주회에는 종종 가는 편이었지만, 전에는 사람들이 뭘 입었는지 뭘 들었는지 관심을 안 둬서 안 보였던 것이다.

아는 만큼 보인다는 말처럼, 어디에 가든지 좋은 옷 입고 좋은 가방을 든 사람들이 보였다. 내가 굉장히 좋은 세상에 살고 있는 것 같은 그 기분은 내 삶에 긍정적인 영향을 끼쳤다. 어디에 가든 차림새에 신경을 쓰기 시작한 게 그 덕분이다. 좋은 옷을 아껴놨다가 중요한 날에만 차려입기보다는 언제나 적당히 차려입는 게 일상이 되었다.

예쁘게 꾸몄을 때의 기분 좋은 상태가 어쩌다 한 번이 아니라 자주 계속되자 지난 한 해 동안 나는 대부분 기분 좋은 상태로 지낼 수 있었다. 직장 다니는 친구와 잠깐 점심시간에 만나는 단 1시간을 위해서라도 즐거운 마음으로 머리 손질과 약간의 메이크업을 하고, 옷을 잘 다려 입고 나간다. 친구가 우리 집 근처에 있는 회사에 다니다 보니, 전에는 그 친구와 점심 먹으러 나갈 때 집 앞에 쓰레기 버리러 나가는 몰골로도 아무렇지 않게 직장인들의 물결을 활보했는데 이제는 예쁜 모습으로 외출할 기회를 놓치고 싶지 않다.

옷과 스타일에 대해 파고드는 게 흥미롭기도 하고, 마침 코로나로 인해 나가던 수업이 다 없어진 김에 온라인 의류 쇼핑몰도 무작정 시작해보았다. 정말 뜬금없는 생각의 흐름일 수 있지만 사업을 하던 사람이다 보니 자연스럽게 옷도 팔아봐야겠다고 생각하게 된 것 같다. 원래 공부도 남을 가르칠 수 있게 되어야 완벽하게 이해하게 되는 거니까, 옷을 한 번 팔아보는 것이야말로 옷에 대해서 완벽히 알 방법이라는 생각이 들었다.

온라인 쇼핑몰 특성상 아주 비싼 옷들을 판매하지는 못했지만, 예산 내에서 최대의 고급스러운 효과를 내기 위해서 소재가 좋은 옷을 찾아서 파는 데에 공을 들였다. 거의 기본적인 아이템으로만 선보이던 나의 쇼핑몰. 참고로 이 책은 딱히 쇼핑몰 성공 스토리는 아니다. 쇼핑몰은 1년 만에 손해도 이득도 보지 않은 선에서 깔끔하게 접었다.

'판매자가 옷 사 입으려고 차린 쇼핑몰'이라는 슬로건을 걸어놨기 때문에 판매하려 올려놓은 옷 촬영이 끝나면 실제로 평소에 입고 다녔다. 나도 온라인 쇼핑을 하다 보면 모델 소장, 판매자 소장이라는 글에 솔깃하니까 내 쇼핑몰 자체가 내 옷장이 되게 운영하면 진정성 있고 괜찮겠다는 생각이 들어서였다. 내가 입고 다닐 옷으로 최소한만 사입(도매시장에서 판매용 옷을 사는 것을 업계에서는 '사입'이라고 한다.)해오고, 나머지 옷들은 나와 같은 신규 쇼핑몰에도 샘플을 제공해주는 도

매처에서 빌려서 쇼핑몰 구색을 갖췄다. 예를 들면 10대들이 많이 입을 것 같은 스트리트 캐주얼 의류, 내가 평소에 전혀 안 입고 다니는 미니원피스 같은 종류는 샘플 제공 거래처에서 빌려와 사진만 찍고 반납하는 방식이다. 최대한 많은 옷을 빌려보겠다는 각오로 새벽의 동대문 발품 무지하게 팔았다.

옷장을 그만큼 비워놓고 또다시 고만고만한 옷으로 채울 수는 없는 노릇이라 내가 입을 사입 의류를 고를 때는 소재에 집중해서 신중하게 골라왔다. 쇼핑몰에 파는 옷의 일부는 트렌디하면서 저렴한 가격대, 일부는 기본적인 스타일인데 일반 쇼핑몰보다 높은 가격대로 일관성이 없었다. 그러다가 '이 가격이면 아웃렛에 가서 브랜드 세일 상품을 사는 게 낫겠다.'는 판단이 들자 사입은 점점 줄어들고 결국 도매에서 빌려오는 샘플로만 신상품을 업데이트하게 됐다. 판매하는 품목의 개수가 많지 않아 별로 볼 게 없던 내 쇼핑몰은 자연스럽게 폐업의 수순을 밟아갔다.

그래도 쇼핑몰을 운영하면서 소재 공부도 하고, 비싸 보이는 옷 고르는 방법에 대해 정말 많은 공부가 되었다. 전문 모델을 기용할 예산이 부족해서 내가 직접 모델을 해야 했으므로 술 끊고 살을 다시 빼는데도 큰 동기부여가 됐다. 장사가 안 되어서 망했지만, 옷감에 대한 지식이 이때 참 많이 쌓였고, 건강도 되찾고 어찌 보면 돈은 못 벌었어도 그 이상의 것들을 벌었다고 볼 수도 있겠다. 일단 한 번 차려봐서 옷 유통 시스템을 알게 되었으니까 쇼핑몰에 대해 좀 더 공부하면 얼마든지 다시 시작할 수도 있다는 희망도 있고 말이다.

약 1년 안 되는 기간에 거의 매달 명품을 구매하는 동안 최대한의 수익구조를 구축해놨고, 나의 가치관도 나의 스타일만큼 드라마틱하게 변화했으며 그 어느 때보다 나 자신을 있는 그대로 사랑하고 있다.

이렇게 1분 1초도 아까울 만큼 삶을 진하게 살고 있는데도 여전히 때로는 예전의 사고방식이 불쑥 튀어나와 불안감이 들 때도 있다. 그럴 때마다 내 자존감을 다독이고 스스로 희망을 불어넣어 주기 위해, 지금 내 심리상태와 한 해 동안 깨닫고 변화된 많은 것들에 관해 기록해 두어야겠다는 생각이 들었다. 그래서 난생처음 책도 집필해 지극히 개인적인 내용을 여러분 앞에 내놓게 되었다.

다양한 부업의 세계와 돈 버는 방법을 지금부터 적으면 너무 길어서 다른 챕터에서 이야기하기로 하겠다. 관심 있는 분들은 이 책의 끝부분에 '그냥 따라 하면 몇만 원씩 생기는 프로 N잡러의 현실 일과'와 '상상에 상상을 더하는 일 벌이는 사고방식'을 보기 편하게 따로 정리해놨으니 참고하시기 바란다.

자, 이제 지금부터는 옷 200벌 버린 여자가 명품을 줄줄이 사게 되는 이야기를 하려 한다. 나 자신에게 하는 거짓말을 멈추고 내가 원하는 걸 가져봄으로써 나의 가치관과 생활 태도에는 어떤 변화가 생겼는지, 그리고 자존감에는 어떤 긍정적인 영향을 미쳤는지에 대해 명품을 구매한 순서대로 소개해보겠다.

처음으로 산 명품.
가뭄에 콩 나듯 있다는 불량이 나에게로 왔네.

전 세계 인플루언서들의 가방 컬렉션 영상을 보면서 공통적인 가방을 찾아내고 어떤 것들이 인기 있고 값어치가 높은 가방인지 알아가며 보는 눈을 바닥에서부터 키웠다. 왓츠 인 마이 백(What's In My Bag) 영상, 핸드백 컬렉션 분야의 많은 구독자를 거느린 해외 인플루언서 채널을 수없이 찾아보다가 이제는 매장에 가서 좋은 물건, 비싼 물건이 과연 어떤 건지 직접 보고 싶어졌다.

명품은커녕 5천 원짜리 티셔츠나 사 입다 보면 백화점에 들어갈 일 자체가 없다. 백화점에서 파는 것들은 어차피 뭐든지 비싼 거라는 생각에 아예 가서 구경해볼 생각이 안 들어서였다. 어쩌다 백화점에 들어가는 일이 있다 한들 1층은 구경할 생각도 안 하고 지나치곤 했다. 1층에

즐비한 명품들은 나와 상관이 없고, 화장품에도 큰 관심이 없어서 그때 그때 떨어질 때마다 로드샵에서 구매하면 되니까 백화점 1층은 나에게 그냥 로비와 같은 공간일 뿐이었다.

집 앞에 S 백화점, L 백화점이 다 있는데도 명품관은 들어가서 구경해 본 적이 없었던 내가 처음에 H 사 매장에 방문하기로 정한 건 대단히 큰 결심을 한 것이었다.

H 사는 명품에 관심이 많은 사람은 누구나 꿈꾸는 브랜드다. 로고를 전면에 내세우는 디자인이 거의 없고 최고급 가죽, 최고급 실크, 100% 핸드메이드로 승부를 보는 브랜드라서 실제로 착용했을 때의 고급스러움은 이루 말할 수가 없다. 나는 H 사의 가방이 그렇게나 구하기 힘들고 유명하다는 걸 작년에 알게 되었다.

한 오래된 미국 드라마 속 주인공 캐릭터 중 한 명인 사만다가 H 사 매장에 방문하는 에피소드가 있다. 입고, 신고, 드는 모든 것을 이미 명품만 사용하던 콧대 높은 사만다가 H 사 셀러에게 가방을 보여 달라고 하자 매장에서 셀러가 '지금 재고가 없으니 몇 년 기다려야 살 수 있다'고 거절한다. 그러자 사만다는 다른 유명 연예인 이름을 대며 자신이 대리로 온 것처럼 연기해서 구매에 성공하는 내용이었다. 그냥 캐릭터의 성격을 보여주려고 넣은 장면이라고만 생각했던 그 에피소드가 정확히 어떤 상황인건지 이제는 이해한다.

H 사의 아이코닉한 가방을 구매하려면 옷, 그릇과 같이 비인기 제품들을 H 사에서 꾸준히 구매해서 실적을 쌓아야 하는데 그렇게 쓰게 되는 돈이 거의 가방 가격에 맞먹는다. 구매실적을 쌓아 올리다 셀러가

어느 날 '가방이 들어왔는데 볼 의향이 있느냐'고 물어보면 그때 어떤 색이든 구매해야 다음 기회를 또 노려볼 수 있기 때문에 마음에 꼭 들지 않아도 대부분 산다고 한다. 가죽 종류나 컬러가 얼마나 다양한데 천만 원이 넘는 가방을 내가 원하는 가죽과 컬러에 딱 맞춰서 살 수 있는 것도 아니라니. 그러나 제의가 들어왔을 때 사지 않으면 또 얼마나 기다려야 될지 알 수 없기 때문에 사람들은 완벽하게 마음에 들지 않는 조합이어도 사는 것이다.

'H 사 게임'이라고까지 부르는 이 희한한 마케팅은 30년 전이나 지금에나 전 세계 시장에서 통하는 전술이다. 1천 5백만 원가량 하는 가방을, 완벽하게 내 마음에 들지 않아도 다음번을 위해서 산다는 게 놀라웠지만 알고 보니 H 사의 몇몇 가방들은 중고시장에 바로 되팔면 제값의 두 배까지도 받을 수 있다고 한다. 그동안의 구매 실적은 고스란히 챙기면서, 가방 구매를 제의받을 때까지 옷과 그릇을 샀던 금액만 다시 돌려받는 셈이다. 내가 몰랐던 새로운 세상이다.

핸드백 컬렉터들은 궁극적으로는 H 사 게임에 참여하게 된다지만 나는 아직까지는 중후하고 심플한 디자인보다는 화려한 가방부터 모으고 싶다. 나의 시작 단계의 소소한 컬렉션으로는 궁극적인 단계까지 도달한 사람들의 마음을 이해할 수 없으니 그런 것일 수도 있다. 언젠가는 H 사 가방을 손에 넣기 위해 예산을 정해두고 수시로 매장에 가서 옷을 사며 얼굴 도장을 찍을 지도 모르지. 아니면 언젠가 프랑스 파리 여행 중에 본점에서 구매해 온다면 분명 기억에 평생 남는 추억이 될 것이다. 파리 본점에서는 구매 실적이 없어도 살 수 있으니까. 상상만으로도 즐거워진다.

가만 보자, 나 그 가방 갖고 싶은가 본데?

원하는 게 생겼을 때 어려움이 예상되더라도 '애초에 나는 그런 걸 원하지 않았다'는 자기합리화는 하지 말아야지 해놓고 습관적으로 또 아닌 척 할 뻔했네. 역시 책을 쓰길 잘했다. '이런 건 필요 없다.' 스스로를 속이는 마음이 들 때마다 내 책을 읽어야겠다.

나름대로 명품에 관한 지식만 쌓고 처음 방문하기로 결정한 H 사 매장. 일부러 잠실이나 다른 강남 쪽 매장에 가지 않고 집 근처에 있는 매장으로 정한 이유는 솔직하게 말해서 나는 차가 없었기 때문이었다. 지금은 그때를 생각하면 '참 여전히 피해 의식이 한가득 있었구나.' 싶지만 차 없이 H 사에 가서 뭔가를 구매한 뒤 그걸 들고, 지하철이든 버스든 탈 생각을 하니 너무 주목받을 것만 같고, 혹시 소매치기라도 당할까 봐 (2020년인데!) 걱정이 되어서 그때는 왠지 겁이 났다. 반면에 명동에 있는 H 사 매장은 걸어갔다가 걸어올 수 있었으니 부담 없이 갈 수 있었고.

남들은 어떤 마음으로 명품을 사는지 잘 모르겠다. 다들 어릴 때부터 '비싸든 말든 최고로 좋은 품질의 상품을 걸치는 게 나에게는 당연한 일이지'하고 살아온 거라면 그들은 어떻게 해서 그렇게 높은 자존감을 키웠는지 궁금하다. 만약에 나처럼 명품 매장을 한 번도 안 가본 사람 중에는 명품 매장에 들어가려고 하는 것부터 낯설고 어려운 기분이 드는 사람도 있을 것 같다. 우습게 들릴 수도 있지만, H 사에 방문하기 전에 명품 매장 방문 후기라든지, 차림새를 어떻게 하고 가야 좋은지와 관련된 글들을 꼼꼼하게 읽어봤다.

인터넷에서 사람들의 의견들은 반반으로 나뉘는 것 같았다. 무조건 비싸고 고급스러운 옷을 입고 가야지 물건을 구매할 손님으로 보여서 응대를 잘해준다는 의견과 진짜 돈 많은 사람은 백화점에 슬리퍼 신고 대충 가는 거라는 의견이 분분했는데 아무리 생각해도 후자의 의견은 드라마나 영화에서 나오는 상황을 보고 나온 상상에서 유래한 게 아닐까 싶다. 예를 들어, 누구에게나 예의 바르고 상냥한 점원이 일하는 백화점 명품매장에 후줄근하게 입은 아줌마가 들어온다. 그 아줌마가 아주 고가의 물건을 보여 달라고 하자 다른 직원들은 전부 무시하는데 그 상냥한 점원이 친절하게 응대해준다. 알고 보니 그 후줄근한 아줌마는 엄청난 부자라서 자신에게 잘 대해준 직원에게 매우 큰 실적을 쌓아줬더라는 백화점 버전 현대동화 말이다. 그래서 오히려 부자는 대충하고 온다는 의견이 인터넷에 도는 게 아닐까?

백화점도 낯설고 명품도 사본 적 없던 나는 어떤 말이 맞는지 몰라 고민을 하다가 결국 아주 무난하고 튀지 않게 연한 핑크색 셔츠에 크림색 바지를 입었다. 옷 고민이 끝나자 바로 뒤따르는 건 가방 고민이었다. 명품백이 하나도 없는 건 물론이고 제대로 된 핸드백조차 없는데 백화점에는 도대체 뭘 들고 가야 하는 걸까 골치가 아팠다. 마치 일을 해야 경력을 쌓을 수 있는 건데 일을 하려면 경력이 있어야 하는 모순적인 상황에 놓이게 된 것이다. 쓸데없는 고민 끝에 '어차피 걸어서 갈 예정이고 매장 한 군데만 갔다가 바로 다시 와야지.' 생각을 하고 가방을 과감하게 생략했다. 그렇게 가방 고민은 해결! 신발은 그냥 스니커즈를 신고 걸어가기로 했다.

물론 백화점에 명품백 들고 갈 필요도 전혀 없고 옷 아무거나 입어도 상관없다만 그때는 몰랐으니까 별걱정이 다 됐다. 사실 내가 걱정했던 상황들은 다 나의 피해 의식에서 비롯된 것이기 때문에 실제로는 그런 일은 절대 일어나지 않는다. 매장에서 고객등록이 되어있지 않은 사람이니까 쌀쌀맞게 대하는 건 말도 안 되는 일이다. 아마 후줄근하게 입고 가도 잠재적인 고객을 대놓고 무시하는 일은 일어나지 않을 거라고 본다.

명품매장에 후줄근하게 하고 갔더니 셀러가 나를 무시해서 기분이 나빴다는 말을 종종 듣는다. 그 사람들이 느꼈던 감정은 진짜였겠지만 어쩌면 그 모든 상황이 본인의 피해 의식에서 비롯된 오해는 아니었을까 생각해 볼 일이다. 정말로 나를 쌀쌀맞게 대했다면 나의 옷이 문제가 아니라 그냥 그 점원의 불량한 서비스 태도가 문제인 것이다. 기업은 돈 쓰러 찾아온 사람이 어떤 옷을 입었든 아무런 상관 안 한다. 주머니에서 꺼낸 꼬깃꼬깃한 돈이나 향기 나는 새 지갑에서 꺼낸 신용카드나 다 같은 돈이니까.

나는 H 사에 에코백을 들고 갔을 때도 친절하게 응대받은 적이 있다. 그 뒤로는 산책하러 나왔다가도 문득 백화점도 들어가서 구경하곤 한다. 사고방식이 바뀌고 나니 못 들어가는 곳이 없이 자유롭다. 피해 의식이라는 게 이렇게 나의 삶에 깊은 영향을 미치고 있었나 싶다. 어릴 때 알게 된 된장녀라는 말에 대한 두려움이 검소함에 집착하는 강박을 낳고, 싸구려만 사서 쓰다 버리는 소비 습관을 낳고, 돈 쓰러 가는 백화점에서 냉랭한 응대를 받지는 않을까 옷은 뭘 입고 가야 할까 걱정하는 피해 의식을 낳는다.

그래, 옷 걱정을 했던 건 그냥 귀엽고 민망한 에피소드 정도로 생각하는데, 오랜 세월 동안 '나는 비싸고 좋은 거 필요 없다.'며 나 자신에게 거짓말을 해왔던 건 원망할 곳 없이 원망스럽고, 부끄럽다.

다행히 옷을 뭐를 입고 가나 고민했던 건 아예 시간 낭비만은 아니었던 게, 결국 아무것도 그려져 있지 않은 도화지 같은 기본스타일로 입고 갔던 덕분에 아무 스카프나 매도 다 잘 어울리긴 했다.

한여름은 지나간 여름. S 백화점 본점까지 걸어갔다. 분명 사람들 말로는 대기가 많을 거라고 했는데 주말 낮이었는데도 대기 인원이 얼마 없어서 금방 들어갈 수 있었다. 이게 바로 초심자의 운이라는 건가? 이후로는 단 한 번도 금방 들어간 적이 없다.

우선 H 사에서 가장 인기 많은 가방은 비인기 품목 위주의 구매실적과 셀러와의 유대감을 쌓아야지 보여준다고 하니 처음 방문한 나는 물어볼 생각도 하지 않았고, 무엇을 찾으시냐는 친절한 셀러에게 곧장 스카프를 보고 싶다고 했다. 아직 가방 이외의 품목에 관한 정보가 부족하던 때라 스카프도 시즌별로 인기 있는 디자인이 있다는 건 몰랐다. 내가 갔던 날은 당시의 최신 컬렉션 제품이 나온 지는 좀 지난 시기여서 인기 있는 디자인은 이미 다 팔리고 없었을 거다.

그때는 그런 걸 신경쓰기보다는 H 사 스카프를 직접 해보고 구매할 거라는 생각에 마냥 들뜨기만 했다. 스카프 종류가 많이 없다며 미안하

다는 말을 듣고 나서야 '아, 물건이 별로 없는 거구나' 싶었지만, 나에게
는 문제 될 게 없었고, 몇 가지 없다는 보기 중에서 무조건 꼭 하나를 골
라야겠다는 생각만 들었다. 인터넷으로만 보던 실크 스카프를 직접 만
져보고 매보는 것이 정말 좋았다. 처음 방문한 매장이 H 사라는 것도,
유치한 생각이지만 좋았다. 내가 앞으로 하나하나 기억에 남는 좋은 소
비생활만 하기 위한 좋은 시작이 된 것 같은 기분이랄까.

H 사 스카프하면 보통 까레 Carré(정사각형)라고 불리는 가로세로
90cm의 정사각형 스카프가 제일 유명한데, 매장에 가보니 까레 말고
다른 스카프도 있었다. 숄처럼 걸치는 대형 삼각형 스카프도 있고, 매
면 예쁜데 다방면으로 활용이 어려운 원형 스카프도 있고. 나는 까레를
사려고 마음을 정하고 갔던 것이기에 독특한 형태의 스카프보다도 셀
러가 추천해주는 레몬색 까레를 구매하기로 했다. 처음 사는 스카프니
까 핑크색 계열로 사는 게 좋지 않을까 생각했는데 아주 밝은 레몬색이
나에게 매우 잘 어울려서 이게 바로 내 거라는 느낌이 왔다.

실크를 몸에 걸쳐본 게 그날이 처음이라 다른 실크와 비교할 수 없었
는데도 굉장히 품질이 좋다는 것을 알 수 있었다. 아주 연한 레몬색 컬
러를 조금 진한 레몬색 테두리가 감싸고 있고, 그 안에는 연한 회색으
로 큰 문양들이 있고, 아주 작은 사각형의 새파란 점들이 띄엄띄엄 박
혀있는 디자인이다. 90cm*90cm 스카프는 그냥 목에만 두르는 데 그치
지 않고 크기가 넉넉해서 몸에 둘러 묶으면 민소매 블라우스처럼 착용
할 수 있을 정도로 활용도가 높다. 가격 접근성도 괜찮고, 평범한 옷에
스카프만 매치해도 전체적인 분위기를 이끌어주는 아이템이라 명품

브랜드에서 면으로 된 티셔츠를 살 바에는 스카프를 사는 것을 추천하고 싶다. 티셔츠는 아무리 명품이어도 낡기 마련인데 실크 스카프는 특별히 잘못 관리해서 찢어지지 않는 이상은 수십 년을 사용하고 물려줘도 되니까.

명품 매장에서 스카프 하나를 포장해달라는 말이 내 입에서 떨어지는 순간, 낡은 옷 무덤을 치우면서 서러웠던 그 날의 울분이 해소되는 느낌이었다.

돈도 써보니까 쓸 수 있는 거였구나, 별거 아니구나!

그래서 딱 스카프가 있는 쪽에만 머무르던 나는 뭐 더 찾으시는 거 없냐는 의례적인 질문에 과감하게 주얼리도 보여 달라고 말했다. 나의 본 모습이 워낙에 검소하여 명품을 줘도 싫은 사람이라면 모르겠지만 나는 그동안 나 자신에게 아닌 척했을 뿐 세속적인 기질이 다분한 사람이기 때문에 한 번 소비의 맛을 보자 거침이 없어졌다. 그 순간만큼은 가격도 신경 쓰이지 않아 갑자기 눈에 들어온 은으로 된 긴 목걸이도 착용해보고 싶다고 말하는 데 주저함이 없었다.

은으로 된 롱 네크리스 가장 긴 버전. 전체 은으로 되어있고, 두 번 세 번 감아서 스타일링 할 수도 있고 지갑에 연결하면 핸드백 스트랩처럼 사용할 수 있는 심플하지만 매우 존재감이 뚜렷한 제품이었다. 오래 고민도 하지 않고 그것도 구매하겠다고 말했다. 직원들이 포장하는 동안 테이블에 앉아서 커피나 한잔 얻어 마시고 있는데 살면서 한 번도 느껴보지 못한 묘한 기분이 들었다. 그날 30분도 안 걸려 숨 쉬듯이 수백만 원을 썼지만, 세상에 큰일은 일어나지 않았다. 카드사에서 본인이 결제한 게 맞느냐는 확인 전화가 오지도 않았다.

　원하는 게 생긴다. → 원하는 걸 갖는다.

　이것은 정말 심플한 일일 뿐이었다. 반면에 그전의 나는 어땠는가.

　원하는 게 생긴다. →
　그걸 원하게 된 원인은 무엇인지 나의 정신 상태를 분석하고 →
　그걸 사는 비용으로 얼마나 많은 생필품을 살 수 있는지 환산해보고
→
　내가 그런 속물이라는 건 있을 수 없는 일이므로 →
　그러므로 나의 욕망은 잘못된 일이며 →
　애초에 그걸 갖고 싶어 한 것은 나답지 않은 모습이고 →
　잠시나마 예쁜 걸 보고 예쁘다고 생각했던 나를 한심하게 여기고 →
　지나가다 본 5천 원짜리 티셔츠를 사는 것으로 좋은 소비를 했다고
합리화한다.

　정말 복잡하고 쓸데없는 에너지 낭비가 아닐 수 없다. 300만 원짜리
명품 하나를 살 돈이면 300원짜리 생필품 휴지를 1만 개를 살 수 있다
한들 나에게 1만 개의 휴지는 필요가 없다. 물론 상황에 따라서 5천 원
짜리 티셔츠도 좋은 소비가 될 수 있지만 300만 원짜리 무언가를 대신
할 수는 없는 노릇이다. 내가 진짜 원하는 것을 뒤로한 채 별로 욕심나

지 않고 가져봤자 기분이 좋지도 않은 것들을 많이 가져도 나는 행복하지 않다.

갖고 싶은 게 생긴다고 전부 다 사버린다면 자칫 생활이 궁핍해질 수 있으니 계획적인 소비는 해야 하겠지만 앞으로는 과거의 나처럼 복잡한 생각 프로세스를 돌리며 욕구를 잘못된 일로 몰아가지는 않을 것이다.

원하는 게 생긴다. → 돈이 없네? → 나중에 사야지.

이 편이 훨씬 쉽고 건강하다.

내 머릿속에는, '부자는 전부 악, 가난한 사람은 전부 선'이라는 이분법적인 프레임을 은연중에 전파하는 동화책과 미디어를 통해 수십 년을 걸쳐 만들어진 상당히 편협한 도덕의 신이 살았다. 내가 내린 결정과 행동, 나의 욕망이 당신 율법에 위배되면 자괴감이라는 벌을 내려 유일한 신도인 나를 괴롭히는 괴팍한 신.

혹시 당신의 머릿속에도 이런 비슷한 신이 살지는 않는가? 운이 좋게도 정말 원하는 게 동화 속 흥부와 같이 사는 것이라면 그 도덕의 신이 거슬리지 않을 테지만 나처럼 놀부와 같은 삶을 추구하는 사람이라면 얼른 그 신은 추방하는 게 좋을 것이다. 신은 나로부터 모셔지지 않으면 존재하지 않으므로 막상 추방하기는 매우 쉽다.

커피를 한 잔 마시며 결제하는 동안 실크 스카프와 실버 롱 네크리스는 각각 하나의 박스, 하나의 쇼핑백에 담겨서 정성스럽게 포장되었다. 가슴 설레는 오렌지색 박스. 살면서 그렇게 예쁜 걸 본 적이 없었던 것 같다. 알파벳 H는 또 왜 그렇게 예뻐 보이는 건지, 농담을 좀 보태면 이름에 H가 들어가게 개명을 하고 싶은 마음이 들 정도였다. 내가 나에게 처음 주는 선물은 매우 감동적이었다. 이런 선물을 준 스스로가 정말 고맙고 좋아졌다.

스카프는 원래 사려고 갔던 거지만 목걸이를 살 계획은 없었는데. 다소 충동구매인 면이 있었지만 너무나 예뻤고, 은은 닳는 것도 아니니까 평생 잘 사용할 수 있을 거라는 생각에 후회가 되지는 않았다. 이미 H사 매장에서 장지갑을 꺼내와 목걸이를 핸드백 스트랩처럼 연결해서 착용도 해보았기에 이제 다음 차례로는 지갑을 사면 될 것 같다고 생각하면서 설렘을 만끽했다.

다른 매장에는 들르지 않고 집에 온 뒤, 스카프를 꺼내서 내가 그동안 동영상을 보며 머릿속으로 연마해 온 수많은 방식으로 다 매보았다. 그때까지는 옷도 다 버린 지 얼마 안 되어서 몇 벌 없는 상태였기 때문에 모든 옷을 다 꺼내서 스카프에 매치해보는 것도 그리 어려운 일이 아니었다. 흰 셔츠에만 걸쳐도 우아한 옷으로 탈바꿈시켜주는 H사 실크 스카프. 내 피부톤에 잘 어울리는 180cm가량의 묵직한 은목걸이가 주는 만족감. 쇼핑하는 데 시간은 얼마 걸리지도 않았는데 그날은 정말 피로가 몰려오더라. 안 해봤던 걸 해봐서 그랬을 수도 있고, 나를 옭아매던 콤플렉스를 던져버리는 해방감에 기진맥진했는지도 모르겠다.

다음날은 일요일. 전날 예상에 없던 지출을 했으니 더욱 힘써 일해야만 직성이 풀리는 나였다. 파리 날리는 쇼핑몰이지만 아직 포기하지 않고 멱살 잡고 끌고 가던 시기였기에 자연광이 드는 내 방에서 업로드할 옷 촬영이나 해야겠다고 마음먹었다. 촬영할 옷을 전부 다림질해놓고, 벽에 하얀 천과 카메라를 설치한 뒤 어떻게 코디해서 사진을 찍을지 계획을 세우다 문득 전날 구매한 목걸이와 매치해서 찍으면 잘 어울리겠다는 생각이 들었다. 고급스러운 리넨 소재의 옷이긴 하나 심심한 디자인이라 쇼핑몰 사진을 예쁘게 찍기란 까다로운 편이었는데 백금처럼 반짝이는 롱 네크리스를 목에 몇 번 감으니 과하지 않고 고급스러워 보였다. 얼른 목걸이를 하고 촬영을 시작했다.

사장도 나, 모델도 나, 촬영도 리모컨과 삼각대를 이용해 나 혼자 다 하는 내 쇼핑몰 촬영. 몇 벌의 옷을 갈아입으며 사진을 찍은 뒤 스크래치라도 날까 싶어 목걸이를 다시 넣어두려다 목걸이의 이음새 부분이 새까맣게 색이 변한 걸 발견했다.
처음에는 까만 게 묻었는지 알았는데 자세히 들여다보고 만져보니 불에 탄 것 같은 자국이 있고 겉면이 울퉁불퉁 거칠게 벗겨져 있었다. 목걸이 길이가 워낙 길어서 전날 매장에서는 미처 발견을 못 했던 불량이었다. 맙소사!

인생 첫 명품백을 하얀색으로 산 여자

사기라도 당한 것 같은 싸한 기분이 들었다. '분명히 매장에서 산 건데 왜 이렇게 된 거지?', '명품이라 하면 품질에 대해서는 보증된 거 아닌가?' 불안함이 피어올랐다. 내가 마른 체형이 아니다 보니 쇼핑몰에 올릴 옷 사진 촬영을 하기 전에는 조금이라도 사진에 잘 나오기 위해 완전히 금식했던 터라 몇 시간에 걸친 촬영이 다 끝난 뒤에는 심신이 너무 지쳐있는 상태였다. 그래서 뒤늦게 발견하게 된 목걸이의 하자를 머릿속에서 원만하게 소화하기가 힘들었다.

여러 생각이 들었지만, 평생 자존감이 낮고 피해 의식이 가득했던 내게 가장 먼저 든 생각은 바로 이거였다.

그럼 그렇지 뭐. 내가 뭘 좋은 걸 산다고.

무의식적으로 순간 떠올라버린 생각이었음에도 소름끼칠 만큼 나쁜 생각이라는 걸 바로 알 수 있었다. 이미 나의 가치관과 생활 태도가 전과는 꽤 달라진 편이있는데도 고작 상품 하자 하나 따위에 그동안 열심히 노력해서 바꿔낸 것들이 흔들리다니. 처음으로 값어치 있는 물건을 소비한 다음 날, 마치 기다렸다는 듯이 세상이 나를 시험하는 기분이었다. 그래도 전날 발견한 심플한 생각 프로세스를 떠올리며 체념적인 마음을 얼른 다잡았다.

원하는 게 생긴다. → 원하는 걸 갖는다.

목걸이를 원래대로 똑같이 포장한 뒤에 또다시 백화점으로 향했다. 날씨가 변덕이 났는지 그날은 엄청 더웠다. 이러나저러나 집에서 대중교통을 타는 것보다 걷는 게 가까운 거리라 나는 또 걸어갔지만 괜찮았다. 더는 옷은 뭘 입나 가방을 뭘 드나 고민은 안 했기 때문에 걷기 편한 티와 반바지를 입고 햇빛을 가려줄 밀짚모자를 쓰고 포장한 제품은 쇼핑백 채로 에코백에 넣어서 백화점으로 향했다. 그때 매장 앞에서 대기 번호를 받았었는지 정확히 기억이 나지 않는데 아마 물건에 하자가 있다고 하니 바로 들여보내 줬던 것 같다.

매장에서 내어준 찬물을 마시면서 상품에 문제가 있는 부분을 보여주자 다들 정말 놀란 반응으로 내가 느꼈을 황당함에 함께 공감해주며 상냥하게 응대해주었다. 새 상품으로 교환하고 싶다고 하자 잠시 뒤에 제품 재고가 한국에 없다고 환불을 하는 편을 추천해주었다. 원래는 H사에서 주얼리 제품은 환불이 안 된다고 구매할 때 말해주는데 당시 코로나 시국이었기 때문에 새 제품이 파리에서 언제 들어올 수 있을지 확신할 수 없어서 이례적으로 환불을 먼저 제안한 것이었다. 은 롱 네크리스는 뽀얀 광택감이 남다른 정말이지 아름다운 제품이라 이미 한눈에 반해버린 상태였지만 언제 도착할지 알 수도 없는 시간을 기다리기에는 지불해놓은 금액이 꽤 큰 편이지 않은가. 이걸 어쩌나 하다가 결국 환불을 하기로 했다. 내가 너무 아쉬워하며 가는 길에 사진이나 한 장 찍어서 남기겠다고 하니까 원래 매장 안에서 촬영은 안 되는데 마음껏 찍으라고 할 정도였으니 얼마나 아쉬운 티가 역력했는지 짐작이 갈 것이다.

환불을 진행하고 난 뒤에는 다음에 이 제품이 입고됐을 때 전화로 제일 먼저 알려주겠다고 약속까지 했다. (실제로 몇 달 뒤에 전화도 왔었는데 재구매는 하지 않다) 아쉬움을 뒤로한 채 매장에서 나오자 돈은 몇백만 원을 돌려받았어도 전혀 기분이 좋지 않았다. 기껏 돈 쓰기로 마음을 먹고 쓴 건데 시작부터 나의 소비 인생이 꼬이는 것 같은 재수 없는 느낌. 정말 그 목걸이가 마음에 들었다면 나중에 전화도 해준다고 했으니 그냥 기다렸다가 또 사도 될 텐데, 다시 돌려받은 돈을 야금야금 생활비로 쓰고 나면 다시는 이런 소비를 못 하는 징크스가 될 것 같다는 예감이 들었다. 목걸이는 내 마음속에서 바로 접기로 했고 그 대신 백화점에 온 김에 '오늘 뭔가를 하나 사서 돌아가야겠다.' 결심하고 전투적인 소비 태세로 온 백화점을 돌아다니기 시작했다.

에코백을 들고 밀짚모자를 쓴 채로 백화점을 돌던 중, C 사는 대기가 너무 많아서 들어갈 엄두도 나지 않았고, 마침 줄이 하나도 없었던 G 사 매장에 디스플레이되어있던 하얀색 가방에 시선을 사로잡혀 들어갔다.

G 사의 브랜드 히스토리는 드라마틱한 사건으로 가득하다.

1921년 이탈리아 피렌체에서 처음 탄생한 브랜드 G 사는 승마용품이나 가방 등 가죽 제품을 만들던 작은 공방이었다가 제2차 세계대전으로 물자가 부족해지자 일본에서 수입한 대나무로 가방 손잡이를 만들어 팔면서 세계적인 히트를 치며 발전하게 된 브랜드이다.

대나무 손잡이가 달린 토트백뿐만 아니라 미국 전 대통령 부인이 즐겨 들어 인기가 높아진 호보 스타일의 가방 등 요즘에 재해석해 내놔도 인기 있는 가방이 많지만, 평생 들 수 있는 백이라는 인식은 약하다. 다른 명품 브랜드와 비교해 유독 굴곡진 브랜드 역사를 가졌기 때문일까?

1995년 G 사의 후계자가 총에 맞아 숨지는 사건이 발생했다. 범인은 바로 그의 부인이었다. 그녀는 살인 청부 혐의로 29년 형을 받았고, 실제 범행을 저지른 범인은 종신형을 받았다.

다사다난한 역사를 가진 G 사. 살인사건 외에도 또 다른 집안싸움이 있었는데 경영권을 차지하지 못한 손자가 자기 이름으로 G 사 짝퉁인 듯 짝퉁 아닌 유사 브랜드를 만들어 G 사가 쌓아놓은 브랜드 이미지를 고의로 다 깎아 먹은 사건이다. 손자가 사업을 접지 않고 고집을 피우자 결국 G 사에서 손자의 브랜드를 사들인 뒤 영영 폐기해버렸다는 이야기는 유명하다. 이런 브랜드 히스토리에서 오는 위태로운 이미지 때문인지 2021년 현재 G 사 브랜드 인기가 대단한데도 평생 단 하나의 명품백을 소장한다면 뭘 고를 거냐는 질문에 G 사라고 답하는 여자는 별로 없는 것 같다.

그런데 나는 첫 명품백을 G 사에서 사게 되었다. 목걸이를 빼앗긴 것 같은 허전함을 채우러 들어간 G 사 매장은 H 사 매장과 비교해 분위기도 활기차고 물건도 더 많고 셀러도 더 친근하고 재미있는 분위기라 돈 쓸 맛이 나는 장소였다. 매장 앞에서 보고 들어간 가방과 비슷한 탑 핸들 핸드백도 있어서 그중에 어떤 가방이 더 잘 어울리는가, 더 자주 활용할 수 있는가에 대해 셀러와 수다도 떨고, 다른 가방들도 여러 가지 들어보면서 골랐다. 아직 명품백에 대해서 인터넷으로 조사만 했지 뭘 사야겠다고 마음을 정해놓지는 않았었는데 말 재갈(홀스 빗 Horse bit) 장식의 숄더백을 들어보니 하얀색이니까 아무 옷에나 잘 어울리고 무난한 크기의 가방이라 첫 명품백으로 괜찮을 것 같았다. 그리고 마치 운명인 것처럼 목걸이 환불받은 금액과 가방의 금액이 거의 비슷했다는 것도 빠른 결정에 한몫을 했다.

환불한 목걸이는 이미 안중에서 사라진 지 오래였다. 목걸이를 살 돈으로 듬직한 가방을 산 게 훨씬 잘한 선택이라는 생각이 들어서 마음도 편했다. 가방이 주는 위안은 상당했다. 계획에도 없이 인생 첫 명품백을 사서 꿈꾸는 기분으로 집으로 돌아왔다.

원래 들던 가방들도 옷과 함께 다 버렸던 터라 가방 자체가 몇 개 없던 나에게 처음 생긴 제대로 된 가방. 첫 명품백을 사고 거의 모든 외출에 들고 다녔다. 생긴 것에 비하여 많이 들어가는 가방은 아니었지만 나는 가지고 다닐 물건이 많이 없어서 괜찮았다. 여름 날씨와 잘 어울리는 하얀 가방은 코디하기도 편리했다. 여름에는 더워서 청바지를 자주 입지도 않고, 입는다고 해도 물 다 빠진 연 청바지만 입으니 새하얀 가죽 부분이 물들 걱정도 없었다. 가방이 통통하고 부피감이 있는 편이라 가을에 외투나 니트와 들어도 잘 어울렸다.

그렇게 한 몇 개월 동안 가방을 들고 다녔을 때 나는 시험에 들기 시작했다. 잘 들고 다니던 가방을 처분하고 싶다는 생각에 사로잡힌 것이다. 가방을 알면 알수록 돈을 더 모아서 그 유명한 클래식 백을 첫 명품백으로 살 걸 그랬나 하는 생각이 들었기 때문이었다. 게다가 모두가 입을 모아서 G 사 가방은 유행을 심하게 탄다고 말하는 것도 나의 변덕에 불을 붙였다. G 사에서 신상품이 나오면 유명 패션 인플루언서부터 연예인들까지 그 가방을 들고 다녀 당대 가장 트렌디한 가방이라는 영광을 차지하는데 그 트렌드가 매년 바뀐다는 것이 문제였다.

이러한 사이클을 눈치채고 난 뒤, 내 가방도 언젠가는 들고 다니기

꺼려질 정도로 유행을 심하게 타는 게 아닐까 걱정이 되었다. 애초에 가방을 구매한 계기도 목걸이를 본의 아니게 환불한 다음 홧김에 산 것이고, 정확히 어떤 가방을 좋아하는지 기호가 생기기도 전에 너무 갑자기 소비했나, 이 하얀 가방이 혹시나 나중에 때라도 타면 계속 들 수 있으려나 후회스러운 마음이 덜컥 들었다.

내가 원하는 바를 정확히 알고 똑 부러진 소비를 할 걸.
이거 안 사고 내년에 클래식 백 사는 데 돈을 보탤걸.
후회 없이 롱런하는 탄탄한 가방 컬렉션을 만들걸.

올해 초에는 어느 날 아침에 눈 뜨자마자 '연식이 오래되기 전에 G 사 가방을 팔아야겠다.'는 바람이 불어서 구매할 당시 그대로 놔뒀던 포장을 리본 하나까지 다 챙겨 들고 중고 명품 파는 업체에 갔던 적도 있다. 업체에는 명품 감정을 하면서 가격을 책정해주는 감정사가 상주해 있었다. 그 감정사의 말에 따르면, 몇몇 브랜드의 특정 가방들의 경우만 예외로 인기 컬러의 새 상품을 바로 가져와 팔았을 때 값을 두 배까지도 책정해 줄 수 있고, 다른 가방들은 정상적인 이치로 감가상각이 일어나 원래 가격의 절반밖에 못 준단다. 그 가격을 듣자 팔아서 처분하고 싶다는 생각은 완전히 단념했다.

어떤 핸드백을 사야 후회가 없을까, 뭘 사야 다양한 스타일로 활용할 수 있을까 계획을 세우면서 앞으로 어떤 명품 브랜드에서든 하얀색 가방을 사기는 어려울 것 같다는 판단이 서자 나의 하얀색 첫 명품백에 대한 떠난 마음이 시나브로 다시 돌아왔다.

그때 생각했던 완벽한 가방 컬렉션이 지금도 변함없냐고 묻는다면 대답은 '그렇지 않다.'라는 점에서 볼 때 참 무의미한 해프닝이었다고 할 수 있겠다.

세상에 완벽한 결정은 없다는 걸 그제야 깨달았다. 단순히 가방 하나만 놓고 봐도 웬만한 건 다 질리고 모든 건 다 낡기 마련인데 나중에 내가 질려서 못 들까 봐, 때 타서 못 들까 봐 걱정한다면 어떤 것도 살 수 없다. 아마 끝임없이 다른 무언가를 원하기만 하다가 아무것도 갖지 못하게 될 것이다. 너무 먼 미래에 대한 걱정은 무의미하다는 뜻에서 현재를 즐기라는 격언이 나왔나 보다. 한참을 고민해보고 완벽한 소비라고 자신하며 구매한 물건에 예상과 달리 후회를 해봤다면 자연스럽게 알 수 있는 것을 나는 평생 고민되는 소비를 안 해보고 살아서 그런 걸 깨달을 기회가 없었다. 마음에 안 들면 버려도 그만인 소비에는 책임감을 느끼지도 않고 지나고 나면 언제 샀는지 기억도 안 나는 일이 허다하다. 결과적으로 나는 첫 명품백을 통해 처음으로 책임감 느끼는 소비를 해보고 의미 있는 것들을 배운 셈이다.

수백만 원이나 주고 모든 면에서 잘 샀다고 생각한 가방에 후회가 들기도 하는 걸 보면, 그 어떤 결정인들 후회가 없겠는가. 지금 내 마음속에는 클래식 백이 들어있지만, 그 가방을 가져봐야만 알 수 있는 어떤 단점이 있어서 나중에는 후회할지도 모를 일이다. 실제로 클래식 백은 결혼 예물로 정말 유명한 가방이라 소장한 사람들이 많다. 어딜 가나 몇 명씩은 똑같은 가방을 든 사람들과 마주치는 것이 민망해서 오히려 중요한 자리, 격식 있는 차림에 어울리는 장소에는 들고 가지 못한다는 사람도 봤다. 가방만 놓고 봤을 때는 영롱하리만큼 예쁘지만, 결혼식 같은 장소에 열 명이 똑같은 가방을 들고 있는 상황을 상상하면 나도 약간 민망해지려 한다. 그래도 나는 결혼식에 갈 일이 이제는 거의 없고, 평상시에 메려고 하는 거니까 일단은 다음 내 생일에 나를 위한 선물로 구매하려고 마음을 정했다. 장고 끝에 악수를 둔다는 속담도 있듯이 앞으로는 너무 긴 고민은 하지 않으려고 한다. 갖고 싶은 가방을 구매했을 때의 희열, 한동안 나의 옷을 빛내며 잘 들고 다니던 시기가 지나가면 잠시 후회가 들더라도 금방 잊어버릴 수 있을 것 같다.

첫 명품 트렌치코트. 정말 20년 입으려나?

동생이 차를 샀다. 오랜만에 온 가족이 모여서 시승식을 할 겸 드라이브를 하러 가자는데 우리 가족은 평소, 나 초등학교 졸업 이후에는 여행을 같이 갔던 적도 없었고, 딱히 외식조차 안 하는 집이라 어디로 가야 할지 막막했다. 나는 차를 사본 적이 없어서 차로 갈만한 곳을 모르고 아이디어가 전혀 떠오르지 않던 그때 동생이 문득 프리미엄 아웃렛에 쇼핑이나 하러 가자고 제안해서 온 가족이 처음으로 여주에 가게 되었다.

동생이랑 대화를 자주 나누는 편은 아니라 잘 모르겠지만 가만 생각해보면 내가 옷장을 비우고 느꼈던 그 기분을 동생이 더 먼저 깨달은 것 같다. 어느 순간부터 동생은 백화점도 잘 다니고 좋은 물건만 사려고 했던 걸 보면.

    녀석이 운전하는 차 안에서 나는 우리가 향하고 있는 프리미엄 아웃렛에 어떤 명품 매장이 있는지 폭풍 검색을 하기 시작했다. 3대 명품이라고 불리는 브랜드는 재고가 생기면 문자 그대로 불태워버릴지언정 아웃렛 매장은 운영하지 않기로 유명하고, 프리미엄 아웃렛에서 내가 사고 싶었던 것은 명품 트렌치코트였다. 돈은 있어도 안 쓰는 거라는 의식이 강했던 엄마·아빠랑 같이 들어갔다가는 어떻게 옷 한 벌을 이 돈 주고 살 수 있냐고 하실 게 뻔했기 때문에 잠깐 다녀올 곳이 있으니 잠시 뒤에 보자고 하고 나 혼자 B 사 매장으로 직행했다.

    옷을 매장에서 입어보고 안 사고 나오는 게 미안해서 옷가게에서 이 것저것 입어본 적도 잘 없는 나였는데, '사면 사는 거지 뭐.' 하는 사고방식을 갖게 되자 혼자 들어간 매장에서 기억도 안 날 만큼 수많은 트렌치코트를 입어보는 게 아무렇지도 않았다. 아웃렛 매장이기 때문에 셀러가 나를 따라다니면서 응대하는 게 아니라 더 부담이 없었던 이유도 있겠지만 사람이 주변에 있든 말든 나는 그냥 트렌치코트만 보다가 사이즈를 물어볼 때만 직원을 찾았다.

    처음 사는 명품 트렌치코트. 그야말로 트렌치코트의 대명사로 불리는 그 트렌치코트를 사는 건데 신중에 신중을 기하고 싶었다. 듣기로, B 사의 트렌치코트는 20년도 30년도 입을 수 있을 만큼 튼튼하고 유행을 타지 않는다고 하니 컬러는 기본적인 베이지색으로 정했다. 장식이 많은 디자인도 탈락, 당시 유행하던 긴 기장도 탈락, 그중에서도 내 체형에 어울리는 제품들을 추려보자 군더더기 없는 싱글 브레스트 베이지색 카 코트(Car Coat) 스타일이 답이었다. 트렌치코트 하면 떠오르는 견장, 날개, 허리 벨트도 없는 심플한 카 코트는 그 매장에 있는 거의 모든 베이지색 트렌치코트 중에 나한테 제일 잘 어울렸다.

내가 처음으로 구매한 트렌치코트는 소재나 바느질, 패턴, 부자재들이 너무 깔끔하고 고급스러워서 별다른 장식이 없어도 어딘가 다른 느낌이 드는 옷이다.

개인적으로 명품 브랜드에서 의류를 사는 건 대부분은 아깝다고 생각하지만, B 사 트렌치코트를 사는 건 그만한 가치가 있다고 생각한다. B 사의 트렌치코트를 사서 몇 계절을 입어보니 정말로 튼튼하고, 딱히 유행이랄 게 없는 디자인이라 오래 입겠다는 확신이 들었다. 게다가 내가 구매한 베이지색은 봄에는 2, 3, 4, 5월까지 입고 다시 가을에는 9, 10, 11월에도 입을 수 있어서 활용도도 매우 높다. B 사의 트렌치코트를 구매한 뒤 그때까지도 운영 중이던 내 쇼핑몰에 가을 상품을 촬영해 올릴 때 함께 코디하기도 했는데 다른 옷의 품질까지 같이 올라가 보이는 효과가 있었다. 외투는 좋은 것을 사야 한다는 말이 실감났다. 옷 중에서 가장 넓은 면적을 차지하는 외투가 구겨지고 보푸라기가 나서 지저분해 보이면 나의 전체적인 인상도 구겨지고 남루해 보이기 마련이니까.

몇 개월 뒤에는 트렌치코트의 상징인 견장, 날개, 허리벨트까지 다 있는 오리지널 스타일도, 아주 베스트로 어울렸던 건 아니었지만, 머릿속에 아른거려서 하나를 더 사려고 둘러보던 중에 네이비색 B 사의 트렌치코트를 중고로 구매해봤다. 그 옷은 한 20년은 됐다는 데도 세탁소에 드라이클리닝 한 번 맡기니까 다시 멀쩡해졌고 디자인도 요즘 나오는 트렌치코트와 아무런 차이가 없다. 듣던 대로 20년을 입어도 거뜬하다는 증거인 셈이다.

품질 좋은 트렌치코트를 처음 가져보니 좋은 점이 또 있었다. 어떤 옷이 좋은 옷인지 알게 되었다는 것이다. 똑같은 면 100% 원단끼리도 품질이 천차만별이었다. 어떤 면 100% 원단은 스치기만 해도 구김이 잘 가고 촉감도 거칠어서 옷이 너무 가벼워 보이고 별로인 데 비해서 B 사의 트렌치코트 원단은 힘이 있고 안감도 부드러운 차렵이불 만지는 것처럼 보들보들하다. 주머니 속도 이불같이 부드러운 안감으로 되어 있어서 손을 넣으면 나도 모르게 옷 안감을 만지작거리게 된다.

'B 사의 트렌치코트를 한 번 샀으니 앞으로도 계속 이런 수준의 옷만 눈에 차는 거 아니야? 이제 옷값 많이 들겠네.' 싶었지만 좋은 옷의 기준이 명확해지자 저렴한 옷을 파는 SPA브랜드들에서 옷을 구경할 때에도 잘 만든 옷을 고를 줄 알게 되어 오히려 이후에는 명품매장에서만 옷을 사야겠다는 욕심이 들지는 않는다. 어디에서든 품질 좋은 옷은 찾을 수 있는 건데 그동안 내가 안목이 참 없었다는 걸 깨달았다. 지금도 계속 안목을 끌어올리려고 노력하는 과정일 뿐이라 내가 구매한 것들을 몇 년 뒤에 다시 보면 후회하는 마음이 생길지도 모르지만, 그때는 처음에 샀던 명품백을 통해 느꼈던 점을 적용해서 넘어가면 될 일이다.

후회는 무의미해.
그동안 긴 시간 만족감을 줬으니 좋은 소비였어.

그렇게 두고두고 만족감을 줄 거라 믿어 의심치 않는 나의 트렌치코트를 사 들고 프리미엄 아웃렛을 돌아다니고 있던 가족들과 합류했다. 다들 살 게 없다면서 나와 만나자마자 바로 차로 돌아갔는데 눈치가 묘했다. 역시나 '어떻게 백만 원 넘게 주고 옷을 살 수 있냐.'며 혼나는 깃 같은 상황이 되고 말았다. 아빠는 '우리 딸이 참 부자구먼.'이라고만 말씀하셨는데 엄마는 영적인 이야기를 들먹이면서 '아까 아웃렛에 있으니 몸이 가려워서 빨리 나오고 싶었네, 기가 안 좋은 곳이었네'라는 이야기로 내 속을 긁어놓았다. 인생 첫 명품 트렌치코트를 갖게 된 감상에 오롯이 젖어 들고 싶었는데 돈을 너무 낭비하는 게 아니냐는 원망 같은 말이 계속되자 아직 자리를 잡지 못한 내 새로운 가치관도 덩달아 흔들리는 기분이었다. 삼십 대 중반의 딸이 옷 좀 샀다고 혼내는 건 상식적으로 말이 되지 않으니 대놓고 혼내지는 못하고 혼잣말을 다 들리게 하는 간접 꾸지람!

쇼핑이나 요리, 생활 속에서 생기는 사소한 이런저런 결정부터, 취업, 결혼, 이사와 같은 굵직한 결정까지, 이미 벌어졌고 무르기 힘든 모든 결정에 대해 아쉬운 점, 나쁜 점은 웬만하면 말하지 말자. 돌이킬 수도 없는 노릇인데 괜히 빈축만 산다.

거기서 내가 '그래 그럼 당장 환불하러 가'하고 나선다 해도 결국 모두가 마음 불편하고 어색해질 뿐 행복해지는 사람은 한 명도 없었을 거다. 돈과 시간, 체력을 써서 여주까지 가서 아무것도 얻은 거 없이 기분만 상했겠지. 열 받은 내가 '다들 좋은 물건을 정상가보다 저렴하게 사서 기분 좋은 아웃렛에 가서는 왜 몸이 가렵냐는 둥 이상한 소리를 하는 건지 모르겠고, 돈을 벌어서 내가 원하는 곳에 쓸 수 있는 게 자본주의의 특권인데 왜 죄인 취급하는지 모르겠다. 북한에 사시느냐.'고 말하고서야 상황은 겨우 멈췄다.

한 해가 지난 지금은 부모님의 사고방식이 엄청나게 달라져서 최소한의 것을 바라기보다는 최선의 것을 추구해야 최선의 것이 온다는 나의 가치관에 적극적으로 공감하시고 내가 뭘 사든 트렌치코트를 샀을 때와 같은 일은 더는 벌어지지 않는다. 미래를 희망차게 내다보며 새로운 집으로 이사 가면 어떤 집을 꾸미고 싶은지, 은퇴 후의 삶에 대한 청사진을 그리는 즐거운 대화도 많이 나누게 되었지만 온 가족이 아웃렛으로 다 함께 향하던 그 날은 아직 저런 사고방식의 변화들이 일어나기 전이었다. 나는 고작 스카프 하나, 목걸이 환불하고 가방 하나만 사본 상태로 이제 막 소비에 눈을 떴고, 엄마·아빠는 그저 오랜만에 내가 집에 와서 온 가족이 모였는데 나랑 동생만 보내기 아쉬우니까 따라오셨을 뿐, 기름 쓰고 시간 들여가며 돈 쓰러 가는 것을 애초에 탐탁지 않아 하셨을 때였으니까 어쩔 수 없었겠지.

얼마 전에는 엄마한테 다음 내 생일에는 클래식 백을 살 거라고 선언을 했다. 트렌치코트와 비교할 수 없는 고가의 명품백이라 분명 나의 사치스러움을 탓하는 잔소리를 들을 거라는 예상을 했는데 돈을 좋은 물건으로 바꿔서 들고 다니는 것도 좋은 생각인 것 같다는 대답을 들어서 좀 놀랐다. 우리 엄마한테 이런 대담한 면이?

하긴, 내가 어릴 적에는 엄마가 피아노 칠 줄도 모르는 나에게 어느 날 갑자기 피아노를 사줄 만큼 대담한 적도 있었지. 엄마도 한 40대 무렵에는 금과 보석에 잠시 빠져서 홀린 듯이 사 모으신 적이 있다. 그 금과 보석은 아직 변함없이 안녕하고, 나한테 넘어온 일부 중 디자인이 안 예쁜 몇 개는 금값이 폭등했을 때 팔아서 요긴하게 썼다. 우리 가족은 경제 상황을 숨김없이 공유하는 스타일이라 예나 지금이나 드라마에 나올법한 큰 경제적인 위기를 맞은 적도 없다는 걸 내가 다 아는데, 엄마는 이후 사놓은 보석도 잘 안 하고, 그 어떤 값나가는 물건도 절대 단 하나도 새로 사지 않았다. 왜 그렇게 변하셨는지 모르겠다.

우리 집은 나름대로 풍족한 편이다. 재산이 넘쳐나서 돈을 펑펑 쓰고 살 수 있는 수준은 아니어도 성실하게 직장 다니시던 아빠, 돈 낭비 안 하는 엄마는 알아서 밥벌이 하는 자식 둘을 키우고 아파트 한 채, 차 한 대를 일구셨다. 현재도 고깃집을 17년째 빚도 없이 운영하고 계신다. 우리 부모님은 다른 부부들과 마찬가지로 때로는 으르렁대기는 해도 절약 정신이 몸에 배어있다는 점에서 내가 보기에는 코드가 아주 잘 맞는 것 같다.

두 분 모두 여행 가서 체력낭비 돈 낭비 하는 건 쓸데없는 일이라 생각하셔서 평생 나고 자라온 서울을 벗어나 본 적도 거의 없고, 음식솜씨가 좋고 손이 큰 엄마는 외식이 세상에서 제일 맛없고 아까운 일이라고 어쩌다 가끔 외식하고 들어올 때마다 말씀하신다. 게다가 아빠의 퇴직 이후 두 분이 고깃집을 운영하시면서부터는 다른 식당에 가서 먹는 건 더 이해할 수 없는 일이 되어버렸다. 물론 나는 독립해 따로 살기도 하고, 비싼 물건만 못 샀을 뿐이지 돈 벌어서 여행이든 외식이든 원 없이 했으니 살면서 부모님의 사고방식 때문에 불편해 본 적은 없었다. 나이가 들수록 엄마·아빠랑 노는 것 자체는 점점 재미있어진다. 문제는 내가 급격히 사고방식이 변해 더는 근검절약을 추구하지 않는 데에서 오는 가치관의 충돌이랄까?

내가 장담하건대 우리 엄마·아빠는 백화점에 안 가본 지 족히 20년은 되셨을 거다. 엄마·아빠도 사람인데, 좋은 걸 가져보고 다음에는 좀 더 좋은 걸 갖고 싶은 욕심이 생기셨으면 하는 마음에 요즘은 엄마·아빠 선물로 가방, 지갑, 태블릿PC 등 생전 안 드려봤던 것들을 막 들이밀어 보는 중이다. 아무리 봐도 주는 내가 더 신난 것 같지만.

엄마가 아주 어릴 때 어버이날에 나의 외할머니께 작은 브로치를 하나 사서 선물했는데 할머니는 '왜 이런 쓸데없는 걸 샀냐.'고 혼을 내며 당장 가서 환불해 오라고 하셨다고 한다. 어린 마음에 그게 너무 서운해서 '나중에 내 자식이 나한테 뭘 선물해주면 마음껏 기뻐하는 모습을 보여줘야지.'라고 생각하셨다고 내게 여러 번 말씀해주신 적이 있다. 내가 소비의 즐거움을 깨달은 뒤, 엄마 생일에도 처음으로 기념이 될 만하고 오래 간직할 만한 선물을 드리고 싶어서(그전까지는 암묵적으로 화장품 같은 그때그때 필요한 자잘한 것들을 사드리는 게 우리 집 스타일이었다.) 핸드메이드 악어백을 몰래 주문 제작해서 깜짝 선물로 드렸다. 그때 엄마의 표정이 복잡 미묘했다. 이런 비싼 걸 받아도 되는지, 독립해서 사는 딸의 생활비가 부족해 휴지를 못 사는 건 아닌지 걱정하는 모습이 역력한데, 내가 엄마와 할머니와의 어버이날 스토리를 알고 있으니 가져다 환불하라는 말은 차마 못 하고 참고 계시는 게 눈에 보였다. 생각과 말이 어긋나서 로봇처럼 기계적인 모습으로 '와 정말 예쁘다.'고 말씀하시는 엄마가 재미있기도 하고 안쓰럽기도 했다.

엄마가 그 가방을 들고 다니는 모습을 한 번도 본 적이 없다. 아마 여전히 반짝반짝 새것 같은 모습으로 엄마의 옷장 속에서 먼지만 쌓여가고 있는 것 같다. 가방 각이 무너질까 봐 내가 수건 세 장을 말아 넣어놨는데 늘 그대로 있는 걸 보니.

집에 갔을 때 그 가방은 좀 들고 다니시냐고 종종 물어보면 제발 나더러 가져가서 들라고 하시지만 나는 '나 아직 악어 들고 다닐 나이 아니야.'하고 거절한다. 아빠 생일에는 명품 지갑을 선물해 드렸는데 엄마와 자로 잰 듯 똑같은 반응이었다. 쓰다가 질리면 내 남동생한테 줘도 된다고 하는 말을 듣고 나서야 안심하고 사용하신다.

인간은 유전적으로 물려받는 외모뿐만이 아니라 가치관과 생활 방식까지 거의 모든 것을 고스란히 부모에게 물려받는 것 같다. 우리 엄마가 손이 너무 큰 탓에 음식을 한 번 하면 너무 많이 만들어서 질릴 때까지 그것만 먹다가 나중에는 버리게 되는 게 참 싫었는데 나도 꽤나 손이 큰 어른이 되었고, 이제는 다르게 살아야겠다고 사고방식을 180도 바꾸기 전까지만 해도 가성비를 엄청나게 따져가며 살지 않았나. 우리 부모님도 물건을 살 때 가격과 품질, 브랜드를 고민하고 따져보는 스타일이 아니고 무조건 최저가로 검색해서 제일 싼 것을 사면 잘 샀다고 생각하는 분들이라 나도 그렇게 자랐다. 검소해야만 된다는 나만의 강박관념도 가정환경과 잘 맞아떨어졌기 때문에 내 안에 싹을 틔웠던 것이다. 그렇다고 '왜 나를 이렇게 키웠느냐'고 원망스럽다는 말이 아니다. 부모님이 한가득 물려준 기질 중에 취할 건 취하고 바꿀 건 바꿔가며 나라는 인간을 다듬어가는 과정이 바로 삶이라고 생각하기 때문이다. 내 마음에 안 드는 구석들은 내가 아직 바꾸거나 버리지 못해서 남아있는 내 선택의 결과이다. 더 다듬으면 언젠가는 반질반질 내 마음에 쏙 드는 내가 될 거다.

요즘은 내 머리가 굵어져서 부모님과 대화할 때면 내가 영향을 미치기도 하니까 새로운 시각을 열어드리는 것 같고 변화가 뿌듯할 때가 있다. 특히 요새 부모님과 집 문제에 관한 대화를 나누며 많은 것이 변화했다. 다음 이야기는 내가 이사 갈 집을 알아볼 때의 일이다.

처음 독립해서 월세 2년을 거쳐서 전세 4년 차에 접어들었을 때, 더는 가성비만 생각하지 말고 집에 돈을 더 투자해야겠다고 생각했을 무렵이었다. 본격적으로 부동산에 방문해서 매물을 알아보기 전에 부동산 애플리케이션을 이용해 스마트폰으로 매물 시세들을 탐색해보았다.

내가 사는 곳은 서울 한복판, 주변과 이질적인 느낌이 들 정도로 낡디낡은 집이라, 3층에 위치한 방 2개짜리 아파트인데도 시세 대비 매우 저렴한 믿을 수 없는 전세가에 계약했다. 물론 엘리베이터도 없고, 거실도 없고, 욕실에 세면대조차 없고(그런 집을 본 적 있는가?), 욕실 천장은 너무 낮아서 서서 만세를 할 수 없을 정도였으니 절대 좋은 집이 아니었는데, 아무리 낡았어도 내 능력만으로 등기부등본상 엄연한 아파트에 전세로 들어왔다는 것, 그것도 예산을 아주 많이 아꼈다는 점이 처음에는 매우 만족스러웠다.

2년 뒤에 재계약할 무렵이 되자 내 집 마련을 해볼까 하는 바람이 들어 집 매매를 알아보다가, 매매 대출은 전세와 달리 얼마 안 나온다는 걸 알게 되자 현금이 부족해서 이내 포기해버렸다.

성급했던 내 집 마련 1차 시도를 실패한 뒤, 이사는 매우 귀찮고 피곤한 일이므로 집에 살짝 마음이 떴음에도 불구하고 전세 보증금도 그냥 올려 달라는 대로 올려주고 재계약해 꾸역꾸역 살았다. 4년 동안 집값이 유례없이 치솟고, 사는 동안 나의 가치관이 바뀌어서 집이 내 눈에 안 차게 될 줄 난들 알았나.

그렇게 집의 단점이 속속 눈에 띄기 시작하던 와중에 집주인으로부터 곧 계약이 끝나면 아들이 들어가 살 예정이니 나가 달라는 통보를 받은 것이다. 귀찮든 말든 상관없이 반드시 이사해야만 할 이유가 생긴 게 너무도 감사했다. 다음에 이사 갈 때도 전세자금 대출을 받을 것을 고려했을 때 내가 가진 돈, 다달이 나갈 전세 이자를 감당할 수 있는 최대치로 알아봐야겠다는 결심이 섰다. 갑자기 지금 사는 집보다 두 배 이상 비싼 집을 알아볼 생각에 신이 나서 부동산 애플리케이션 내 전세 보증금 한도를 넉넉하게 설정하고 요즘 집은 시세가 어떤가, 인테리어는 어떤가 알아보기 시작했다. 시세를 알아보는 단계였을 뿐이라 집 등기를 떼보고 근저당이 어쩌고저쩌고 같은 상세한 정보를 알아볼 필요는 없었고, 단지 어느 동네에서 사는 게 좋을지만 고르면 되는 조사 단계. 집 고르기 단계에서 가장 쉽고 재밌는 단계였다.

그 정도 가격대의 전셋집은 깔끔하게 인테리어가 다 된 새집들이 많아 건물에 주차장, 엘리베이터가 없는 건 있을 수 없는 일이고, 욕실도 정상적인 보통 수준의 욕실이라 서서 만세를 할 수 있는가, 세면대가 있는가 하는 건 물어볼 가치도 없는 기본 옵션이었다. 그렇게 며칠 동안 집 구경에 심취해 있는데 문득 이제는 현재 전셋집 보증금과 비슷한 수준의 집들은 아예 보이지도 않는다는 것을 깨달았다. 분명 보증금은 0원부터 설정된 건데도 내 매물 지도에는 최대치로 설정한 보증금 근처의 집만 뜨는 것이다. 4년간 전세가 이렇게나 많이 오른 건가 궁금해져서 보증금 한도를 반으로 낮춰보자 다시 내가 4년 전에 보던 것 같은 전세들도 애플리케이션 지도에 나타났다. 그 집들에는 내 전셋집처럼 세면대가 없는 게 기본인 것 같았다. 그걸 보고 느끼는 게 있었다.

세상은 내가 보는 대로 보이는 거구나. 살던 집보다 두 배 이상 비싸고 좋은 집을 찾을 때는 천장이 낮다거나 세면대가 달리지 않은 집은 아예 내 세상에는 존재하지도 않는 셈이었다. 애플리케이션에서 자동으로 필터링해서 걸러주니까.

물건도 마찬가지다. 내가 명품 브랜드 홈페이지에 들어가서 구경을 한참 동안 하고 나면 스마트폰 광고에도 온통 명품만 뜨고, 스마트폰에서 음성정보도 수집한다는 루머가 맞는 건지 뭔지, 친구랑 휴대폰 정도 들어가는 L 사 미니 백이 예쁜 것 같다고 대화하고 난 다음에는 L 사 미니 백이 광고로 뜬다. 최저가의 생필품을 검색하고 나면 더 저렴한 가격의 생필품이 기다렸다는 듯이 광고에 나타나는 것도 신기하다.

나의 관심사와 생활패턴을 수집해서 예측하는 알고리즘 때문이다. 알고리즘은 확률과 통계에 의한 예측이다. 삶은 자연스럽고도 아주 과학적으로 관심 있는 쪽으로 흘러간다.

내가 명품에 관심이 많아서 명품 얘기만 하고 그것만 찾다 보면 광고에도 명품이 뜨고 →

자꾸 보니까 더 갖고 싶어지고 →

원하지 않는 것 보다 원하는 걸 갖게 될 가능성이 크니까 →

결국 광고에 명품이 자꾸 뜰 정도면 나는 명품을 자꾸 갖게 될 확률이 높다.

말의 힘을 강조하는 옛말은 정말 많다. 말 한마디에 천 냥 빚을 갚는다, 발 없는 말이 천 리 간다, 혹은 단순히 말조심하라는 충고조차도, 상황은 다 다르지만 전부 말속에 잠재된 힘이 있다는 의미다. 그러나 말하는 대로 이루어지고, 간절히 바라면 온 우주가 도와준다는 표현은 격려할 때 흔히 쓰는 관용적인 말이라 오히려 진지하게 받아들이기란 쉽지 않다. 저 말을 곧이곧대로 들으면 왠지 세상 물정 모르는 순진한 멍청이가 된 기분마저 든다.

　한번, 말의 힘을 알고리즘이라고 생각해보자. 우주의 신묘한 움직임이라느니 운명이라느니 하는 것들이 비이성적이라 거부감이 든다면 노출 빈도를 높여서 확률을 높이는 수학적인 일로 생각하면 느낌이 달라진다.

　좋은 것들을 많이 말하고 생각할수록 : 노출 빈도를 높여서
　= 좋은 것들을 많이 갖게 될 것이다. : 확률을 높인다.

　일이 잘 되고 아무 근심거리 없을 때면 오히려 알 수 없는 불안감을 느꼈던 건, 자존감이 낮아서 나 자신에 대한 믿음이 없었기 때문이다. 수익이 늘어난 데에 심취해 감히 좋은 새집에 살았다가는 벌을 받을 것 같다는 생각이 머리로는 황당하다는 걸 알지만 마음속에서는 무시하기 힘들었다. 횡단보도의 까만색을 밟거나, 보도블록끼리 맞닿은 선을 밟으면 재수가 없다는 게 혼자만의 강박이란 걸 알면서도 내심 신경이 쓰이는 것처럼 말이다.

어떤 강박이 생기면, 나 스스로가 정했음에도 그걸 벗어나기란 참 쉽지 않다. 혹시나 잘못될까 봐 두려우니까. 삐끗하는 순간 나는 죄의식과 불안감의 골짜기로 떨어지고 만다. 된장녀라는 말 때문에 생긴 나의 강박이 내 삶의 전반을 지배했듯이 심리학을 전공하지 않아도 죄의식과 강박이 무의식 속에 사이좋게 얽혀 있으면 삶에 그다지 좋은 영향을 미치지 않는다는 것은 확신할 수 있다.

나의 전셋집이 아주 확실한 예시였다. 어딘가 부족하고 남들이 탐내지 않을만한 집에 사는 게 왠지 마음 편하다는 이유로 내 능력과 잠재된 발전 가능성을 과소평가하고 그저 낡은 집만 찾으려 애썼더니 좋은 집은 나의 매물 지도에 나타나지도 않았고 나는 그중에서 그나마 나은 곳을 골라 '이 정도면 괜찮아.'하고 타협한 거다.

안 좋은 것 중에서는 뭘 골라도 안 좋고
좋은 것 중에서는 눈 감고 찍어도 다 좋다.

좋은 집을 감히 알아볼 생각도 못 하고 세면대도 없고 천장도 낮아서 화장실에서 만세도 못 하는 낡은 아파트에 엘리베이터 없이 매일같이 오르내리는 불편을 감수하며 4년을 살았다. 깔끔하고 좋은 집에 4년 먼저 살 수 있던 기회를 나 스스로가 걷어찬 셈이다.

내가 그동안 뭔가 잘못 생각하고 살아왔다는 생각은 어렴풋한 형태로 머릿속에 뒤엉켜있었는데 부모님께 새로운 전셋집을 얻으며 느낀 점을 말씀드리며 차곡차곡 정리되었다. 엄마·아빠는 이 모든 것들에 깊이 공감하셔서 그다음부터는 내가 뭘 사든 '예쁘다, 잘 어울린다, 좋은 걸 잘 샀다.'고 하시고, 어떤 허황되어 보이는 미래를 꿈꾸든 지지해주신다.

정말 갖고 싶은 건, 안 되는 이유를
계속 만들어내도 포기가 안 되는 법.
자기합리화가 통하지 않는 그 가방

2020년 당시 나의 드림 백의 가격은 923만 원이었다. 명품 브랜드에서 스카프 하나, 가방 하나, 옷 한 벌 구매해본 게 전부였던 나는 아직 가방 하나에 1천만 원을 쓸 수 있을 만큼 간이 크지 않아서 가끔 백화점에 산책하듯 들렀을 때 C 사 매장 입장 대기 번호를 눌러놓고, 시간이 맞아 들어갈 수 있으면 들어가서 구경이나 해보는 정도였지 그 유명한 클래식 백을 살 생각은 애초에 없었다. 매장에서 샘플로 비치해두는 클래식 백을 직접 착용해보기도 했지만, 처음부터 '나는 안 살 거야.'라는 다짐을 하고 봐서인지 나한테 어울리지 않고 가방만 동동 뜬 것처럼 보이기에 포기가 되기도 했다.

이솝우화 중에 신 포도와 여우 이야기가 떠오른다. 여우가 포도나무 위에 달린 포도를 따 먹으려고 하는데 손이 닿지 않자 '분명 시고 맛이 없을 거야.' 하면서 돌아섰다는 오래된 이야기. 이솝이 고대 그리스 시대의 이야기꾼이라고 하니 고대 그리스 시대부터, 혹은 그 이전부터 사람들은 자기합리화를 해 왔나 보다. 고대 그리스의 한 낙서에도, 수메르의 한 점토판에도 '요즘 애들은 버릇이 없다.'는 말이 적혀있었다고 한다. 사람들 사는 건 그때나 지금이나 크게 달라지지 않았는지도 모르겠다.

검은색 클래식 백은 결혼 예물로 너도나도 사는 가방이라 똑같은 가방을 든 사람이 너무 많을 거야,
짝퉁도 너무 많은 가방이라서 별로겠지?
너무 드레시한 느낌이라 옷을 코디하기 쉽지 않을 거야.

그 가방을 갖지 말아야 할 수많은 이유를 만들어내며 그 가방은 내 스타일이 아니라고 나 자신을 스스로 설득해야만 했다. 안 되는 이유를 계속 만들어도 겨우 포기가 될까 말까 하는 것이 있다면 그게 바로 내가 원하는 것이라는 걸 여러분은 눈치채셨을 것이다.

좋은 사람인지 아닌지 이미 다 알고 있으면서도 못 헤어진 경험은 누구에게나 있다고 생각한다. 헤어지면 다른 사람을 못 만날까 봐 무섭다는 이유, 이거 하나만 내가 참으면 된다는 이유, 세상에 완벽한 사람이 어디 있겠느냐는 이유로 안 맞는 상대를 자신에게 끊임없이 변호해주기까지 한다. 안 되는 핑계를 계속 만들어야 겨우 포기가 될까 말까 하

는 일이야말로 내가 정말 원하는 일이라는 것과 같은 맥락으로, 좋은 점을 끊임없이 쥐어짜듯 만들어내서 나에게 주입식 변호를 해야 하는 사람이라면 결국 나와 잘 맞는 좋은 사람이 아니다. 재판에서 변호사가 필요한 사람들이 주로 어느 쪽인지 생각해보면 쉽게 알 수 있을 것이다. 안 되는 이유를 자꾸 만들고 있거나, 되는 이유를 자꾸 만들고 있다면 내가 뭔가 억지를 부리고 있다는 증거이니 그때가 바로 한 걸음 떨어져서 나의 진심을 들여다봐야 할 타이밍이다.

안 맞는 사람 곁에서 괴로운 것보다야 외로운 게 낫고, 거슬리던 한 가지 단점 때문에 결국 오만 정이 떨어지기 마련이다. 세상에 완벽한 사람은 정말 없을지언정 최소한 그 사람보다 좋은 사람은 늘 있음에도 불구하고 나쁜 인연을 단박에 끊지 못하고 이어가는 이유 중 하나가 바로 낮은 자존감 때문이라고 한다.

자존감이 뭔지도 몰랐던 내가 내 말에 귀 기울여주고, 내가 원하는 걸 어떻게든 해주면서 자기애에 눈뜨자, 그건 부모가 아직 태어나지 않은 배 속의 자식을 기다릴 때와 거의 비슷하다는 걸 알게 되었다. 생후 440개월 된 자식에게는 참을 수 없이 화가 날 때도 있고 한심할 때도 있지만 배 속에 있을 때라면 어떠한가. 아직 듣지도 보지도 못하는데도 최대한 아름다운 것들만 들려주려고 클래식 음악을 듣고, 좋은 것만 보고 긍정적인 생각만 하며 조심조심 정성을 다해 보살필 거다.

자존감을 올리는 방법.

자기 자신을 존중하는 방법을 어떻게 설명할지 곰곰이 생각해보니, 마치 나 자신을 태교한다 생각하면 와 닿는 것 같다. 태아에게는 마땅히 좋은 것만 주고, 해로운 것들, 술, 커피 아무리 끊기 어려워도 다 끊는다. 태교하는 동안 타협이나 합리화란 있을 수 없다. 이처럼 아무리 먹고 싶어도 철저하게 금주하는 임산부의 마음으로 생각하면 나쁜 인연을 과감하게 끊어내는 어려운 일에도 한층 강력한 결단력이 생길 것이다.

우리 모두 자신을 스스로 그렇게 대하면 좋겠다. 나의 취향, 나의 가치관을 태교하듯 조심스럽고 소중한 마음가짐으로 존중하자. '이래야만 되는 나'라는 다양한 강박관념은 버리고 '그저 이대로 건강하게만 자라다오. 우쭈쭈.' 하면서.

한겨울 한밤중에 수박이 먹고 싶어지면 어떻게든 수박을 구해올 생각부터 하지, '왜 하필 지금 수박이 먹고 싶니, 정신 안 차릴래?' 하는 임산부는 없다. 임신 중의 엄마들처럼, 다소 불가능해 보이는 욕망도 인정하고 받아들이는 게 내 자존감을 건강하게 무럭무럭 키우는 데 도움이 된다.

나는 클래식 백을 색깔별로 모으고 싶다. 명품 시계도 몇 개 모으려고 봐 둔 모델이 있다. 나이 먹으면 호화로운 단독주택에 사는 게 꿈이지만 젊은 날에는 신축 아파트에서 꼭 살고 싶다. 당장은 엘리베이터도 없는 낡은 아파트에 사는 내가 꾸기에는 허무맹랑한 꿈처럼 들릴 수 있지만 당장 가질 수 없다면 나중에 몇 달 내, 몇 년 내로 '내가 꼭 갖게 해준다.' 다짐한 뒤 지금 할 수 있는 일부터 하면 된다. 투자를 하거나, 쓸데없는 지출을 줄이거나, 저축을 하거나, 본업을 더 많이 하고, 새로운 일을 더 찾아서 시작하는 등 '한겨울 한밤중 수박을 구해다 먹이기 위한' 모든 것을 할 각오가 되어있다.

물론 배 속의 아이를 먹이겠다고 수단과 방법을 다 동원한다 해도 감히 범법행위를 저지를 사람은 없을 것이다. 임산부는 미신을 믿든 안 믿든, 혹시나 아이가 잘못될까 봐 나쁜 말, 나쁜 생각조차 피하니 말이다. 모든 사람이 스스로를 소중하게 잘 보살피려 노력한다면 세상은 정말 아름답겠다. 자존감이 뭔지 모를 때에는 자존감이 높은 사람들끼리 만나야 된다는 인간관계 조언이 무슨 말인지 이해하지 못하고 그저 누구나 다 하는 상투적인 말인 줄 알았는데 지금 와보니 그게 진리라는 생각이 든다.

가질 수 있는 것을 갖는 게 A, 갖고 싶은 것을 갖는 게 B라고 할 때 A와 B는 애착, 성취감 면에서 분명히 다르다. 때로는 손쉬운 선택을 하면서 빠르게 일을 해나가야 할 때도 있지만 가끔 몹시 원하는 게 생기면 고집스럽게 가져보려 하는 것도 중요한 것 같다.

B가 너무 힘들고 불가능한 것처럼 느껴져서 포기해야 할 때 우리는 보통 두 가지 반응을 보인다. 포기하거나, 애초에 없었던 일처럼 부정하거나. 전자는 해볼 만큼 해봤는데 이뤄지지 않아서 마음에서 깨끗하게 단념하는 것이고 후자는 해보지도 않고 '그런 건 나에게 필요하지 않다.'고 자기합리화한 뒤 마음 한구석에 숨겨두는 경우이다.

첫 번째는 건강한 사고방식이다. 어차피 원하는 것을 다 갖거나, 계획한 바를 전부 이룰 수는 없다는 걸 당연하게 받아들여야 실패가 두렵지 않게 되고 계속 새로운 것을 꿈꿀 수 있다. 명품백 컬렉션을 만들고 싶은데 몇 개 모으다가 돈 벌기 힘들어서 이제 더는 갖고 싶은 마음이 안 들면, 다른 쪽으로 관심을 옮겨가 또 에너지를 열심히 쏟으면 된다. 처음부터 경제적인 능력을 객관적으로 살펴본 뒤 아무래도 못 사겠다 솔직한 결론을 내리고 나중을 위해 꿈을 잠시 미루고 돈부터 버는 것도 긍정적이다. 문제는 내가 늘 해왔던 방식처럼, 나는 그런 거 필요 없으니까 안 사는 거라고 합리화하는 상황이다.

그건 나랑 안 어울리는 것 같네
디자인이 올드하네
나는 낡고 소박한 집을 꾸미면서 사는 게 취향에 맞네

거짓말은 나의 정서에 좋지 않다.

덧붙여서 '내 주제에, 내 팔자에' 하면서 포기하는 건 더 나쁘다. 이런 사소한 언어 습관들이 하나하나 쌓이면 앞으로 내가 하게 되는 수많은 생각도 혹시 틀린 거면 어찌할지 걱정하며 매사에 확신을 잃게 되고, 유독 남의 말에 영향받기 쉬워진다. 그러는 동안 자신을 존중하는 마음은 자연스럽게 저 아래로 곤두박질친다.

두 배 비싼 집으로 옮기려는 치열한 노력, 옷장에 여름옷 몇 벌이 전부였던 상태에서 무작정 시작부터 하고 본 명품 컬렉션 등 B를 추구하는 삶이 고단할 수는 있다. 하지만 입시든 취직이든 상향지원해야 떨어질 때 떨어지더라도 차선책만큼은 쟁취할 수 있는 거 아니겠는가. 그러므로 안 되는 이유를 지어내지 말고, 실패를 두려워하지도 말고 실현할 수 있는 방법을 찾자. 그래야만 자존감을 올릴 수 있다.

긍정적인 사고방식이 중요하다고 많은 사람이 말한다. 얼마 전까지만 해도 긍정적으로 생각하든 부정적으로 생각하든 일어나는 결과는 똑같을 테니 마음이라도 편하게 살자는 의미인 줄 알았는데 지금 보니 그게 아니다. 긍정적인 마음은 대체로 긍정적인 결과를 불러온다는 의미였다.

클래식 백을 구매해야겠다고 최근에 결정을 내린 뒤에 한 중고 명품 매장 홍보 글을 블로그에 올려달라는 의뢰를 받고 사진 찍으러 갔다가 클래식 백을 다시 메 봤다. 고작 몇 달 전과는 외적으로 달라진 게 아무것도 없는데도 이제는 그 가방이 나에게 굉장히 잘 어울려 보여서 신기했다. 이건 딱 내 것 같다는 확신이 들었다. 내가 손이 닿지 않는 포도를 뒤로한 채 수만 가지 핑계를 만들어내던 여우였을 적에는 클래식 백이 너무 시큼하게 느껴지고 잘 안 어울리는 것 같다가, 지금은 너무 달콤하고 잘 어울리다니. 그때랑 지금이랑 달라진 건 나의 사고방식밖에 없으니까 결과적으로 생각이 현실에 해당하는 외모에도 영향을 미쳤다는 뜻이다.

웃으면 복이 온다는 말도 영 근거 없는 말은 아니라고 한다. 하나도 기쁘지 않아도 일단 소리 내서 웃으면 기뻐서 웃음을 터트렸을 때 나오는 것과 마찬가지로 몸에서 행복 물질인 엔도르핀이 나온다는 기사를 읽고 한동안 혼자 있을 때 일부러 웃어본 적도 있다. 웃음이라는 행위가 행복하다는 생각을 이끌어 행복 물질을 만들어내는 것. 무에서 유를 창조하는 놀라운 메커니즘이다.

러시아어에서는 '나는'에 해당하는 표현이 여러 가지이다. 대표적인 것들은 Я[야], Мне[므니에] 인 데, 이게 꼭 한국어나 영어의 '나는', 'I'와 그대로 치환되는 건 아니다. Я 와 Мне 는 둘 다 '나는'으로 해석되지만 Я는 뭔가 능동적으로 동작을 할 때 주로 쓰는 나, Мне 는 주로 감정을 표현할 때 쓰는 나라는 뉘앙스를 갖고 있다. 그래서 '나는 행복하다.'라는 표현을 러시아어로 당연히 Мне счастлив[샤슬리브] 이라고 할 줄 알았는데 의외로 동작을 할 때 주로 쓰는 Я 를 써서 Я счастлив 라고 말한다는 걸 알고 굉장한 보물을 찾은 것 같은 두근거림을 느꼈다. 행복이라는 건 내가 주도적으로 그냥 결정할 수 있다는 사실이 아주 오래된 낯선 언어에 감춰져 있다가 삼십 대 중반에 느닷없이 러시아어를 공부하는 내가 때맞춰 찾아낸 것 같은 기분이었다. 반면에 '나는 ~를 좋아해'라는 말은 내 의지가 담긴 Я 를 쓸 거라고 예상했는데 Мне нравится[느라빗짜] 라고 표현한단다. 취향이야말로 내가 어쩔 수 없는 일이라는 의미가 숨겨져 있다고 생각한다. 그동안 '나는 이래야 해, 나는 이런 취향이어야만 해'하면서 나의 취향을 재단해왔던 게 무의미했다는 걸 다시금 느낀 순간이었다.

더 재미있는 건 '사랑하다.'에는 능동적인 Я 를 쓴다는 사실이다. 내가 이를 닦듯이 Я чищу зубы [야 치슈 주븨], 내가 뛰듯이 Я бегу [야 베구] 나는 행복하고 Я счастлив 나는 사랑한다. Я люблю[야 류블류]. 그러므로 자신을 사랑하지 않는 모든 분께 그냥 있는 그대로 자신을 사랑하라고 말하고 싶다.

자기 자신을 있는 그대로 사랑하라는 말에는 중의적으로 해석될 소지가 있는 것 같다. 마치 '내가 달라지려고 노력하는 건 자기를 사랑하는 게 아니다'하고 받아들여질 까봐, 솔직한 나의 욕망을 비판 없이 인정하라는 의미에서 '있는 그대로' 임을 밝힌다.

내가 꿈꾸는 나의 모습이 허황되거나 틀린 게 아니라는 걸 스스로 알아주면, 될 수 있다는 확신이 생긴다.

바로 이 확신을 갖고 현재를 '원하는 모습을 찾아가는 과정'이라고 생각하면 지금 당장 나를 사랑할 수 있다. 내가 꿈꾸는 그 모습은 내 안에 있고 곧 찾을 거니까.

어차피 현재는 반드시 미래가 된다.

자신을 스스로 제한하는 말, 부정적인 사고방식은 얼른 갖다 버리고 그냥 지금 당장 나를 사랑하고 행복하기로 정하는 게 생각하면 생각할

수록 이득인 것 같다. 이쯤에서 모두 일단 한 번 깔깔 웃은 다음에 이 여자가 또 뭘 샀는지 지켜보시면 좋겠다.

내가 아직 여우이던 무렵, 때마침 위치기반 중고거래 플랫폼 애플리케이션이 엄청난 인기를 끌면서 개인 간에 중고 명품을 사고파는 사람도 정말 많다는 걸 알게 되었다. 그러나 비싼 물건을 직거래로 산다는 건 나로서는 부담이 되는지라 그럴 바에야 차라리 수수료를 더 내고서라도 정품이 확실한 중고 명품 업체에서 구매하는 게 속이 편할 것 같다는 생각이 들었다.

미리로는 여전히 클래식 백은 나에게 어울리지 않을 거라는 자기합리화를 하면서도 눈으로는 (여차하면 한 번 사볼까 하는 가능성은 마음 한편에 '나' 모르게 남겨두고) 중고 명품 판매 업체들을 매일같이 들락거리며 C 사의 가방들을 하나하나 지켜봤다. 역시는 역시였다. 수십 년은 되어 보이는 아주 낡은 빈티지 가방, 이걸 지금 과연 들 수 있나 의심이 될 정도로 낡디낡은 가방도 수백만 원이었다. 매장에서 사자마자 내다 파는 검정 또는 베이지색 클래식 백은 정가보다 비싸게 거래되고 있었다.

그렇게 서서히 C 사 핸드백의 세상에 홀려 들어가고 있던 어느 날, 지금은 단종 되어서 새 상품을 구할 수 없는 작은 사이즈의 토트백이 내 눈에 들어왔다. '작은 쇼핑백'이라는 이름으로 불리는 그 가방은 2013년 단종된 모델로 오직 중고 명품 시장에서만 구할 수 있는 모델이다. 같은 디자인의 크기만 큰 토트백은 미니 백이 유행하는 현시대에 들기는 힘들 수 있지만 이름처럼 쁘띠 한 작은 토트백은 요즘 들기에도 사이즈가 적당했다. 갑자기 이 가방이 클래식 백을 대체할 수 있는 가방으로 보여서 이건 꼭 사야 하겠다는 생각이 들었다. 물론 2013년에 단종 되었으니 아무리 가장 나중에 만들어진 가방이어도 그때 당시 기준으로 7년이나 된 셈, 새 가방과 같은 컨디션을 기대할 수는 없었지만 워낙에 오래 들어도 튼튼하게 만들어진 가방이라 사진으로 봤을 때 특별한 흠도 없고 멀쩡해 보였다. 매장에서 새 제품 구매했을 때처럼 검은색 상자 속 꽉 채워진 미농지, 그 위에 더스트백, 그 위에 올라가 있는 영롱한 핸드백. 이것들을 포장하고 있는 하얀 리본, 보기만 해도 기분이 좋아지는 쇼핑백과 까멜리아 한 송이는 없었지만, 가방이 정품임을 보장하는 개런티 카드는 있었으니까 괜찮았다. 밖에서 점심을 먹고 정동길의 어느 한 카페에서 홀로 커피를 마시던 금요일, 정말 짧게 고민하고 바로 온라인으로 결제를 해버렸다. 지금 잠깐 카드 승인 날을 찾아본 것도 아닌데 어떻게 금요일임을 기억하냐면, 그다음 날이 토요일이었는데도 오전에 택배가 총알같이 도착했기 때문이다.

토요일 아침, 문 앞에 택배 박스가 탁 놓이는 소리에 잠이 확 달아나 눈을 떴다. 아직 산타클로스를 믿던 초등학교 저학년 시절 크리스마스 날 아침에나 느껴봤던 감정을 어른이 되어서 처음 느끼는 것이었다. 여행 가기 전날의 설렘과는 종류가 다른 설렘이었다. 택배 박스를 득달같이 들고 들어와서 포장을 열자 환희가 발끝부터 퍼져서 자동적으로 팔짝팔짝 뛰며 기뻐했다. 뛸 듯이 기쁘다는 표현은 비유가 아닌 사실이었다. 아마 수명이 3년쯤 늘지 않았을까.

　가방에 붙어있던 고유번호에 따르면 내 가방은 2012년에 만들어진 무려 8년이나 된 가방인데도 영롱했다. 내 마음대로 테라피를 만들 수 있다면 '핸드백 테라피'를 만들고 싶을 정도로 가방 하나로 잠이 싹 달아나고 마음이 확 밝아지는 게 느껴졌다. 2012년의 나를 떠올리면 다니기 싫어 미칠 지경이던 마지막 회사를 억지로 다니고 있었고, 정말 어리다는 거 하나로 옷도 막 입고 다니던 때가 아닌가. 2012년에 뭐 하고 살았는지도 사진이라도 안 보면 가물가물할 정도인데 그 시간을 건너서 이 아름다운 가방이 나에게 왔다는 게 감동적이었다.

　기존에 유일하게 하나 샀던 명품백과 완전히 다른 스타일의 가방인 검정 토트백. 물론 매장에 가서 새 상품을 구매하는 경험도 환상적이겠지만 오히려 이 오래된 가방이 마치 2012년부터 내가 들고 다녔던 것처럼 느껴져서 마음에 들었다. 명품 매장에서 새 가방 샀을 때는 이런 기분이 들지 않았었는데. 처음 손에 넣은 C 사 핸드백은 나에게 심리치료 그 자체였다. 2012년부터 그 순간까지 내가 피해 의식에 자신을 스스로 옭아매며 삽질하던 시간을 보상받는 기분이 들었다.

　최근 들어 뉴스에서 실버 모델에 대한 기사를 볼 때가 있다. 그 어르신들은 60, 70대에도 은색 머리를 휘날리며 꼿꼿한 자세로 젊은 날부터 원했던 모델 일을 이제라도 하게 되어 행복하다는 내용이다. 그분들의 젊었을 때 사진을 보면 그때도 충분히 모델을 할 수 있었을 모습들이라 지나간 수십 년의 세월이 내가 괜히 아쉬웠다. '수십 년을 원하는 모습으로 못 살아왔는데 아쉽지 않을까? 지금 이뤘다는 것만으로 모든 것이 보상되는 기분이 들까?'에 대한 대답을 나의 8년 된 중고 핸드백이 해주는 것 같았다. 다 보상된다고. 그래서 무엇이든 시작하기에 늦었을 때는 없다는 말에 공감이 간다. 정말 하고 싶은 것이 있다면 언제든 하면 된다.

오랜 꿈을 이루기까지의 모든 날에 노력이 담겨있는 셈이다. 모델이 되고 싶었지만, 가장으로서 가족의 생계 때문에 잠시 멈춘 적이 있었다 한들 결국 70대에 모델이 된 사람은 수십 년을 몸매 관리를 하며 노력해오다 때가 되어 결실을 맺은 것이니 후회가 없을 수밖에. 꿈을 버리지 않고 붙들고 있었다는 것도 엄청난 노력 아니면 뭐라고 부를까.

시대를 너무 앞서나가 30년이 지나서야 대중의 부름을 받은 한 50대 가수의 과거 20대 때의 활동 영상들을 보면서도 그의 젊음을 사람들이 몰라본 게 아쉬워 죽겠다는 생각이 들곤 했다. 정말 알량하게도 중고로 C 사 핸드백을 사고 난 다음에야 그분의 최근 인터뷰에서 아쉬움이나 원망이 없다는 말을 진심으로 공감하게 되었다.

C 토트백을 산 이후 나는 마음에 어떤 긍정적인 변화가 일어 더 바쁘게 열심히 살고 있다. 앞선 챕터에서 언급했던 대로 새로운 캐시 플로를 구축하는 것은 말할 것도 없이 꾸준히 해나감은 물론이고 취미로 새로운 언어도 공부하기 시작했다.

연주회를 빈번하게 다니게 되면서 라흐마니노프 곡에 홀딱 반해버렸는데 그걸 계기로 러시아어에 관심이 생겨 독학을 시작했다. 키릴 문자는 완전히 새로운 알파벳이라 처음부터 쓰면서 외우려고 하면 어려워서 흥미를 잃을까 봐 읽고 쓰기는 일단 나중으로 미뤘고, 아예 말을 배우는 아기가 된 것처럼 듣고 따라하면서 공부 같지 않게 공부한다. 주변 사람들이 말하는 것을 듣고 옹알이부터 말을 배우는 아기들처럼 공부했을 때 완전히 새로운 언어를 습득할 수 있을지 알아보는 실험이기도 하다. 나는 아기 시절로부터 수십 년이 지나서 언어를 학습하는 뇌가 딱딱하게 굳었겠지만, 늦었을 때는 없다는 것을 마음으로 진정 느끼고 나니까 초조함이 없어져 더 머리에 잘 들어오는 것 같다. 인터넷 동영상은 나의 새엄마, 플래시 카드를 보며 학습할 수 있는 언어 애플리케이션이 나의 새아빠. 바짝 집중해야 하는 일을 하고 있을 때가 아니라면 러시아어 영상을 틀어놓고 뜻도 모르는 말을 따라 하면서 러시아어가 귀와 입에 익게 만들고, 아침에 눈 뜨자마자 5분, 저녁에 5분씩 주제별로 단어와 짧은 문장을 학습할 수 있는 언어 학습 애플리케이션을 이용하면서 자연스럽게 러시아어를 습득하고 있다.

그 복잡해 보이던 키릴문자는 억지로 깜지 만들면서 외우지도 않았는데 저 커리큘럼을 하루도 빼놓지 않고 반복하자 자연스럽게 눈에 익어서 금세 어린아이가 길에서 간판을 읽듯이 더듬더듬 읽을 수 있게 되었다.

어릴 때 알파벳 읽는 법을 배운 뒤 길 다니면서 처음으로 영어로 된 글씨를 읽었던 기억은 너무나 강렬해 아직도 어떤 단어를 어디서 봤는지 기억한다. 엄마랑 종각역 가던 열차 안에 붙어있던 광고에서 본 그 단어는 Queen이었다.

"크, 쿠이이인, 퀸? 여왕!"

그 무렵의 다른 기억은 깜깜해도 귀로 아는 단어를 글씨로도 읽을 수 있었다는 희열만은 생생하다.

최근에 한번은 기사에서 외국 거리 사진을 봤는데, 거기 банко мат 이라고 키릴문자로 적혀 있어서 러시아라는 걸 눈치채고 읽어봤다.

"브, 아앙, 크아, 맡. 방카맡? ATM기기!"

뇌가 밝아지는 이런 희열을 30년 만에 다시 느낄 수 있다니 기쁘다.

처음에는 무슨 뜻인지 아예 모르고 따라만 했던 문장들도 입에 익은 다음에 뜻을 찾아보자 더 기억에 오래 남는 것 같다. 러시아어로 제대로 된 대화를 나눌 수 있으려면 어학연수라도 가야 할 것 같지만 시험을 앞둔 것도 아니고 급한 것은 없다. 꾸준히 공을 들이다 보면 미래의 어느 시점에는 모스크바 필하모닉 오케스트라의 연주를 들으러 가서 언어의 장벽 없이 여행하는 나와 마주하게 될 테니 지금은 새로 찾은 취미를 재밌게 즐기고 싶다.

머리 손질하는 것도 새로 생긴 취미이다. 내가 추구하는 클래식한 스타일에 가장 잘 어울리는 머리 스타일은 '올림머리'라고도 불리는 번 Bun인 것 같다. 머리 손질하는 법을 잘 모르고 손재주가 없다는 뜻으로

'나는 똥손이라서 못해.'라는 표현을 한다. 나도 내가 영 재주가 없는 똥손인 줄로만 알았는데 하루에 10분씩 한 달 동안 매일같이 번 스타일을 묶는 법을 연습하니까 요즘은 제법 실핀도 척척 꽂고 실패하는 날보다 성공하는 날이 더 많아졌다. 머리 고무줄 2개, 실핀도 6개나 꽂아서 공들여 만든 로우 번 스타일을 하고 필라테스 배우러 다녀와도 흐트러지지 않을 정도로 잘 되는 날도 있다. 어느 날은 머리를 다듬으러 갔다가 미용사가 보고 시간과 정성이 엄청나게 들었겠다고 감탄한 적도 있다. 풍성하고 둥그렇게 잘 부풀어 단단하게 고정된 번 스타일을 보면 문득 발레리나 머리 스타일 같다는 생각에 웃음이 나온다.

내 취향을 하나씩 발견해 낼 때마다 어릴 때 보고 들은 것들은 기억에서 사라져도 무의식에 영구히 남는다는 말을 실감한다. 그토록 해보고 싶었지만 배워보고 싶다고 입 밖에 꺼내본 적도 없던 발레. 그때의 내가 발레를 예술로써 이해했을 리는 없고, 어린 마음에 발레리나를 동경했던 게 맞을 거다. 발레리나처럼 꼿꼿한 자세, 우아한 번 스타일, 화려한 오케스트라 극장, 발레단으로 유명한 러시아, 클래식 음악까지 내 취향은 모두 어린 날의 영향이다.

C 사의 창업주는 움직임으로 자유로움을 표현하는 무용 예술에 심취해 파리 오페라 발레단 의상도 디자인하는 등 물심양면으로 후원하기 시작했다고 한다. 그녀가 죽은 뒤인 지금까지도 C 사의 발레 사랑은 이어지고 있다. 그래서 C 사의 광고 캠페인 영상에는 발레 장면이 자주 등장하고, 시그니처 신발 디자인도 발레리나의 토슈즈에 영감을 받아 탄생했다. C 사와 발레는 떼려야 뗄 수 없는 관계라는 점에서도 내가 그

브랜드에 속수무책으로 흘려 드는 것은 어릴 때부터 예정되어 있던 게 아닐까 하는 실없는 생각이 든다.

나는 달라지고 있기보다는 그냥 원래 내 모습을 찾아가는 중인가 보다. 지금은 내가 좋아하는 것들에 흠뻑 빠져 지내고 있으니 일찍부터 취향 따라 살았으면 좋았을 걸 하고 후회하고 싶지는 않다. 클래식 백을 첫 명품백으로 샀다면 지금 내가 가진 다른 가방들을 다 사지는 못했을 수도 있으니 일찍 사지 못한 걸 후회할 필요 없는 것처럼.

일어난 일들에 말을 보태며 후회하고 괴로워하지 말고,
현재를 자기합리화 없이 솔직하게 바라보고,
너무 먼 미래는 미리 고민하지 않기.

요즘 내가 자신에게 제일 자주 하는 말이다.

아빠에게 선물한 명품지갑은 애피타이저

아빠 생일에 난생처음으로 좋은 선물을 하나쯤 해드리고 싶어져서 한참을 생각했는데도 뭘 사는 게 좋을지 막막했다. 우리 집은 생일이나 결혼기념일 같은 날을 반드시 챙기는 편이 아니었고, 생일에는 그저 동네 빵집에서 케이크 하나 사서 촛불 붙이는 게 전부라 선물도 어떤 해에는 운동화나 등산복과 같이 실용적인 것들로 사 드릴 때도 있고, 그냥 건너뛸 때도 있던 내가 갑자기 60대 중반 아빠한테 선물할 근사한 생일선물을 고르자니 세상에서 제일 어려운 과제인 것 같았다. 엄마도 60대이지만 엄마 선물은 내가 관심 있는 것 중에서 고르면 되니까 그나마 쉬운데 아빠 선물은 늘 더 어렵다. 아빠가 제일 좋아하는 색깔이 뭔지도 모르겠다. 아빠랑 친하게 지내는데도 아는 게 별로 없네.

부모님 선물로 쉽게 드리기 좋은 홍삼, 녹용 같은 건강식품들은 평소에도 이미 선물 같지도 않게 '이거 드세요. 이거 쓰세요.' 하고 자주 드린다. 운이 좋게도 내 블로그를 통해 다양한 건강식품의 협찬이 들어오다 보니 손가락으로 효도한 셈이라고 할 수 있겠다. 우리 집이 외식도 안 하고, 여행도 안 가고, 생일도, 크리스마스도, 명절도 안 챙기는 집이지만 냉랭하다고 오해는 마시라. 집에는 손 큰 엄마가 언제나 10인분은 될 법한 음식을 하기 때문에 하루하루가 명절과 같고, 침향, 홍삼, 공진단 같은 어른들이 좋아하는 건강식품은 내가 자주 가져다 놔서 늘 몇 박스씩 쌓여있을 정도로 정이 넘치는데 유독 '없어도 되는 것'에 돈 쓰는 데 익숙하지 않을 뿐이다.

그 무렵 나에게는 가치 있는 물건을 구매해 10년, 20년 사용하는 게 남는 거라는 의식이 확고해져서 아빠 선물도 매일 볼 때마다 기분이 좋을 만한 가치 있고 오래 쓸 수 있는 것을 사드리고 싶었다. 아빠가 오래오래 쓸 만한 좋은 게 뭐가 있을까 고민하다가 가격대도 적당하고 실용성도 겸비한 지갑만 한 게 없는 것 같았다.

지갑은 명품 브랜드마다 다 있는데 가격대가 1백만 원 넘어가는 브랜드는 거의 없고 대부분이 수십만 원 대면 살 수 있다. 선물로 주고받기에 큰 부담이 되는 금액도 아니고, 매일 들고 다니니까 쓸모도 많은 것 같았다.

지갑이라. 사실 나는 신용카드 한 장 들고 다니다 보니 지갑에 자연히 관심이 없어서 엄마 선물로 가방을 제작할 때 서비스로 받은 카드지갑을 그냥 쓰는 중이다. 이런 내가 과연 남자 지갑을 잘 고를 수 있을까 그것도 의문이었지만 일단 백화점으로 출동해 보았다.

어느새 부쩍 친숙해진 백화점. 내가 그동안 들어가 봤던 곳들은 명품 브랜드의 여성 매장이라 남성용 제품이 없었고, 알고 보니 다른 층에 남성 매장이 모여 있었다.

많고 많은 명품 브랜드 중 60대의 아빠 선물로 젊은 느낌의 명품을 사자니 안 어울릴 것 같아서 패스했다. P 사를 가봤는데 P 사의 포코노 재질로 만들어진 다양한 제품이 튼튼하고 가볍기는 해도 내가 선물해 드리고 싶은 디자인이 없어 한참을 구경만 하다가 그냥 나왔다. 아빠가 들어도 알 정도로 유명한 웬만한 브랜드는 다 봤지만, 남성용 지갑은 디자인이 다 거기서 거기라 눈에 차지 않았다. 가죽의 질감만 조금씩 다른 검정 반지갑에 로고도 없거나, 있어도 안쪽에만 작게 있는 무난한 디자인.

처음 사드리는 명품인데 아빠도 알고 엄마도 아는 브랜드의, 아빠가 쓰는 낡은 지갑과는 전혀 다르게 생긴 디자인으로 구매하고 싶다는 마음에 결국 갈 생각이 없었던 L 사 매장에 마지막으로 들어갔다.

혼자서 피해 의식과 애증을 갖고 있던 명품브랜드 L. 몇 개월 동안 스카프 하나, 가방 두 개, 옷 한 벌 사 모으며 백화점을 꽤 들락거릴 동안 L 사 매장에는 들어가서 구경한 적도 없었다. 목걸이 환불하고 가방을 사려고 백화점을 몇 바퀴를 돌 때도 말이다. 당시 S 백화점 본점 1

층 L사 매장은 입장 대기 예약을 받지 않는 시스템을 고수해 항상 입구에 긴 줄이 늘어서 있는 매장이었다. 휴대폰 번호를 매장에 등록해놓고 내 차례가 올 때까지 다른 볼일 보면서 기다리는 건 그나마 할 수 있겠는데 줄을 서서 기다리는 건 너무도 지루한 일이라 들어갈 엄두가 나지 않았기도 했고, 그 옛날 된장녀 시절부터 나에게 트라우마 같은 존재였기에 더 못 들어가 봤던 것 같다.

'여성 매장에 들어가 보기도 전에 남성 매장 먼저 들어와 보는구나.'

매장이 생각보다는 작았지만 남자 매장에는 처음 보는 검은색 모노그램도 있어서 신선한 느낌이었다. 여자 가방에서 흔히 볼 수 있는 갈색 모노그램이 아닌 검은색 모노그램이 한눈에 마음에 들었다. 다른 곳에서 수많은 민무늬 검은색 반지갑만 보다가 모노그램 반지갑을 보자 시선이 저절로 갔다.

남성 제품으로 나오는 L사 모노그램 반지갑은 20대가 쓰기도 괜찮고 60대가 쓰기도 괜찮은 디자인으로 전 연령을 아우르는 디자인 같다. 크기는 일반적인 남자 반지갑 사이즈라 카드 슬롯도 다섯 군데 있고 그 외에도 명함이나 영수증, 현금 넣는 공간도 당연히 있다. 엄마·아빠의 지갑을 보면 늘 반드시 현금이 얼마 정도 들어있다. 모노그램 반지갑에는 현금 슬롯도 두 칸으로 나뉘어 있어서 현금 좋아하시는 우리네 아버지들에게는 정말 최고인 것 같다.

L사 특유의 모노그램이 만들어진 게 1896년이라고 한다. 100년도 넘게 존재하는 프린트라서 앞으로도 유행을 안 탈 것은 이미 증명된 것

이나 마찬가지이니, 아빠가 오래오래 사용할 지갑으로 합격이었다. 주는 사람도 갖고 싶다는 마음이 드는 선물이야말로 정말 괜찮은 선물이 아닐까? 내 마음에도 쏙 들어서 원래 생각했던 예산보다는 약간 비쌌지만 기쁜 마음으로 결제했다. 아빠가 쓰던 지갑이 언제 어디서 산 것인지 기억에도 없을 만큼 오래된 걸 보면 내가 선물해드리는 지갑도 그렇게 마르고 닳도록 쓰실 게 분명했으니까 좋은 소비였다.

아빠 생신에 깜짝 선물로 명품 쇼핑백을 들고 나타나자 아빠는 엄청 미안하면서 멋쩍은 웃음을 지으셨다. 엄마는 악어백 받고는 표정이 심란하더니 내가 아빠한테 명품을 사드리는 건 기특해 보였는지 엄청나게 잘 샀다며 옆에서 치켜세워주셨다. 지금 생각해보면 한때 나의 외할머니가 엄마한테 '왜 이런 쓸데없는 돈을 낭비하느냐며 당장 가서 환불해 오라' 그랬듯 아빠도 그렇게 반응할까 걱정되어서 옆에서 잘했다고 선수 친 게 아닐까 생각도 든다. 어쨌거나 나는 환불하러 가지 않았겠지만.

아빠 선물할 남성용 제품만 보면서 백화점을 돌아다닌 건데도 기분이 좋았다. 1년에 한 번 부모님 생신 때 근사하고 좋은 걸 선물할 능력 있는 내 모습도 내가 되고 싶은 모습 중 하나였기 때문이다. 꿈꾸던 내 모습이 된 것을 축하하고 싶었던 건지, 지갑이 그전에 내가 샀던 가방이나 옷에는 못 미치는 가격이라 성에 안 차는 건지 S 백화점에서 구매한 쇼핑백을 들고 집에 오는 길에 L 백화점을 지나는데 문득 나를 위한 것도 하나 사고 싶다는 마음이 들었다. 애피타이저 조금 먹고 나면 더 허기가 지는 것과 같은 상태였다.

L 백화점 본점에 있는 L 사 매장은 조금 전에 들렀던 매장보다 훨씬 컸다. 그리고 휴대폰 번호로 대기 등록을 받아줘서 매장 앞에 줄을 설 필요가 없다는 게 좋았다. 지금도 물론이지만, 그때는 한창 스카프의 매력에 빠져있을 때라 L 사에서도 가방이나 다른 것들보다도 스카프와 숄을 구경하고 싶었다. 대기가 오래 걸릴 것 같지 않아서 백화점 내에 있는 카페에서 아이스크림을 먹으면서 전자책을 읽으며 기다렸다.

그때 읽던 책은 미국 전 대통령에 관한 국내의 한 서적이다. 그에 대해 대체로 중립적이면서 다소 긍정적인 논조를 띠고 있는 책을 일부러 찾아서 읽었던 것을 보면 내가 얼마나 기존과는 다른 가치관과 사고방식을 갖는 걸 갈망했는지 짐작할 수 있다. 남의 나라 대통령에 대해 정치적인 견해를 논하는 것은 의미 없는 일이긴 하지만, 그가 처음 대선에 나왔을 때 우리나라에서 그가 대통령에 당선되리라 생각하는 사람은 아무도 없었다. 몇 대 대통령을 말하는 건지 눈치채셨다면 여러분도 십분 공감할 것이다. 나는 해외 정치판에 어떤 배경지식도, 견해도 없었는데 뉴스와 각종 미디어에서 그의 대선 도전을 하나같이 농담처럼만 받아들이는 것을 보고 '개그맨같이 인지도 높은 기업가가 대선에 나온다고 쇼를 하는 것'이라는 이미지를 갖게 되었다. 그가 대통령이 되었다는 뉴스에 모든 사람이 말도 안 되는 사람이 미국 대통령 자리에 앉았다며 쇼킹한 반응을 보이기에 나도 덩달아 큰일이 난 것 같았다.

4년이 지나 재선에는 실패했지만, 어쨌든 미국은 망하지 않았다. 정치에는 선이나 악이 없고 어떤 가치를 더 우선하느냐에 따라서 똑같은 정책이 좋은 정책이 되기도 하고 나쁜 정책이 되기도 하는 건데도 유독 그에 관련해서는 다 나쁘고, 조롱하는 뉴스만 나온다는 것이 부자연스럽다는 생각이 들었다.

아는 바가 하나도 없으면서 뉴스에서 하는 말만 듣고 한쪽으로만 치우친 생각을 하는 것은 내가 L사 가방을 사서 들고 다녀본 적도 없으면서 '된장녀로 낙인찍히면 안 된다.'는 두려움에 지나치게 검소함에 집착했던 것과 비슷한 프로세스이다. 이와 같은 과정으로 형성했을, 그리고 앞으로 알게 모르게 형성해 나갈, 아직 내가 눈치채지도 못할 만큼 뿌리 깊은 편견과 콤플렉스가 얼마나 많을까.

내가 나를 사랑하지 못하는 데에는 많은 이유가 있었겠지만 내 머릿속에서 설정해놓은 '내가 되어야 하는 올바른 나의 모습'과 내 진짜 모습 간의 괴리가 가장 큰 이유였다. 앞서도 말했듯이 나는 놀부의 천성을 가졌고, 굳이 둘 중 하나를 골라야 한다면 신데렐라보다는 신데렐라 언니에 가까운 편인데 권선징악의 동화 법칙에 따르면 나는 응징 받아 마땅한 악당이다. 나는 소심한 성격이고, 준법정신이 투철한 편이라 따져보면 벌 받을 일을 아무것도 저지르지 않았음에도 무의식의 세계는 죄의식으로 가득해 그 결과 자신을 스스로 대접할 가치가 없다고 느끼게 됐다.

나는 예쁜 걸 가질 자격이 없다는 듯이, 어릴 때는 내가 시험 점수가 떨어졌거나 뭔가 혼날 일을 저지른 날에 우연히 액세서리를 했다거나 새 옷을 입고 있었다면 그게 너무 송구스러워 몸 둘 바를 몰랐다. 옷은 어떻게 할 수 없지만, 목걸이처럼 뺄 수 있는 것들은 슬그머니 풀어서 주머니에 숨기듯 집어넣곤 했다. (그러느라 엉키고 끊어진 금목걸이들은 20년간 방치됐다가 작년에 대청소할 때 샅샅이 찾아내서 팔았다.)

그러면 덜 혼날 것 같다는 생각이 들어서였는지는 잘 모르겠다. 워낙 어릴 때의 일이고 의도치 않은 행동들이었으므로. 아기자기하고 예쁜 문구 팬시들도 언제 나를 부끄럽게 할지 모르니 점점 중성적인 것들만 대충 들고, 나아가서는 아무거나 막 입고 다니는 게 어느새 습관이 됐다. 앞서 말했듯이 낡은 옷을 입고 다녀도 당당했다는 것도 어쩌면 송구스럽지 않음에서 오는 최소한의 긍지에서 비롯된 게 아니었나 싶다. 놀부같이 돈 좋아하고 비싼 가방 좋아하는 나는 '올바르지 않은' 사람이지만, 흥부 같은 차림으로 다님으로써 기본은 지켰다는 데에서 오는 안심. 죄인의 태도는 갖췄으니 건방져 보이지 않아서 다행이라는 생각이 내가 의식하지 못하는 사이에 있던 것 같다.

그렇게 뭐든 '대충, 막' 사는 게 습관이 됐더니 생활도 '대충, 막'이 됐다. '아무거나 대충'이 입버릇처럼 붙어버려서 '귀찮아, 아무거나, 대충'을 남발했더니 살면서 계속 아무거나 대충인 일만 무난하게 겪어왔다. 언제부터 왜 거기 있는지 모를 것들이 그 자리에 그대로 몇 달, 몇 년이고 있기도 했다. 예를 들면 냉장고에 잠깐 붙여놓고 잊어버려서 한참 뒤에 잉크가 다 날아간 채 발견한 영수증 종이, 언젠간 써야지 생각에 버리지 않고 무턱대고 쌓아둔 쇼핑백들, 건전지를 새로 넣는 게 귀찮아서 방치하다 안 쓰게 된 랜턴 같은 소형 가전들? 그런 면에서 보면 놀랄 만큼 무심해질 수 있는 게 사람인 것 같다.

대충 살다 보면 다 쓴 화장품 공병, 다 쓴 샴푸 통도 바로 버리지 않고 한참을 방치하다 물때가 껴서야 겨우 내다 버리는 사소한 불편을 마주하는 정도로 끝날 수도 있지만, 망가진 가전이나 안 쓰는 가구 같은 것들을 방치하는 수준으로 대충 막살면 생활에 큰 손해가 생긴다.

귀찮으니까 그냥 대충 놔둘래. 나중에.

버려야지 생각은 해도 귀찮으니까 그냥 대충 살다 보면 망가진 가구 위에 짐을 점점 쌓아두게 되고 집이 너저분해진다. 망가진 가구를 버리지 않으니까 새것도 못 사고 그 물건이 주던 편리함마저 놓치게 된다.
대충 막 살지 않으려면 깐깐하고 예민하게 살아야 하는 건가 생각할 수 있는데 그건 또 아니다. 예민한 것도 못지않게 많은 문제를 일으킨다. 마치 문제가 발견되기를 바라는 것처럼 매사를 깐깐하고 예민하게 째려보면 그에 걸맞은 신경질 부릴 일들이 내게 찾아온다.

거봐, 내 걱정이 역시나 맞았지.

그건 어쩌면 내 피해 의식이 마법을 부려 소환한 걸지도 모른다. 내가 그랬기 때문에 아주 잘 알고 있다. 능동적으로 골라야 할 때는 귀찮으니까 아무거나 대충 막 고르니 손에 쥐는 것 전부가 막 고른 결과물이요, 수동적으로 맞닥뜨리는 문제들은 피해 의식으로 예민하게 바라보니 나쁜 면만 쏙쏙 골라 찾아내는 데 도가 튼다. 뭐가 됐든 좋은 걸 가질 수 없다는 건 마찬가지다. 대충과 예민함이란 반대말처럼 들려도 불러오는 결과는 똑같은 걸 보면 오히려 극과 극이라 통하는 것 같다.

세상은 내가 보는 대로 보인다는 걸 느끼게 됨에 따라 이런 악순환을 끊자는 다짐이 들었다. 생활 방식과 사고방식을 다 고쳐야 했다. 우선 생활 방식부터 시작했다. 설명하기 힘든 울화가 치밀어 옷장을 비우며 생활 방식의 변화는 이미 시작됐지만, 옷만 버려서 될 일이 아니었다. 전에 살던 원룸에서 쓰다가 이사 오면서 가져온 수납 가구 상판이 삭아서 나사 박힌 코너 부분이 주저앉았는데도 그걸 테이프만 붙여 대충 보완해놓고 사용한 지 벌써 몇 개월이 흘렀다는 것을 그제야 인식했다. 폐가구 버리는 법을 모른다는 이유로 처음에 바로 조치를 취하지 않고 방치했던 결과였다.

'폐가구 버리는 법' 인터넷에 검색하면 5분도 안 걸리는 별것도 아닌 일이었는데, 그 5분이 귀찮아서 몇 개월 동안 집에 들어오면 청테이프를 둘둘 감은 서랍장 꼴부터 마주하고 살아왔다니 나도 참 대단하지 않은가. 서랍장을 내다 버린 김에 대청소를 하면서 이유 없이 한 곳에 그냥 놓여있던 서류나 물건들을 다 치웠다. 이후에도 안 쓰는 물건을 발견하면 수시로 내다 버리는 등 생활 방식을 많이 고치려고 노력 중이다.

교체 주기가 정말 짧은 소모품이 아닌 이상은 비싸고 좋은 물건 한 가지 사서 아껴 쓰는 게 싸고 안 좋은 물건을 여러 개 사서 막 쓰다 버리는 것보다 나를 위해 더 나은 선택인 것 같다. 평생 살아온 습관을 고치기란 쉽지 않아서 아직 고칠 게 많지만 사는 환경이 전보다 정돈되니 확실히 내 마음도 점점 밝고 환해지는 걸 느낀다.

사고방식의 변화를 위해서 한 대표적인 일은 나를 예민하게 만드는 문제를 오기로 붙잡아둔 채 싸우려 들지 않고 피하는 편을 선택한 일이다.

드디어 망가진 가구를 버려서 새 가구를 사야 했다. 다음번 이사 갈 때도 가져갈 수 있도록 괜찮은 걸 잘 골라 주문했지만, 배송이 나를 또 한 번 시험에 들게 했다. 배송업체에서 전화를 걸어서 엘리베이터가 없는 우리 집에는 무조건 사다리차를 추가해야 한다고 했던 것이다. 배송료와 사다리차 비용을 합치면 서랍장 가격과 비슷한 수준이었다. 이 집은 저층이라 처음 이사 올 때도 세탁기며 냉장고며 사다리차 없이 잘만 들어왔는데, 고작 서랍장 하나를 배송하자고 사다리차를 부르는 게 이해가 안 가서 내가 같이 나르면 안 되겠냐고 해도 남자가 없으면 못 간다고 배송 기사가 딱 잘라 말하고 전화를 뚝 끊었다. 예전의 나였으면 오기로 다시 전화를 걸어 전화를 왜 그렇게 끊느냐 따지고, 사다리차를 안 부르려면 누구한테 와달라고 부탁을 해야 하나 걱정하며 스트레스를 받았을 것 같은데 그 모든 것을 한 방에 해결할 방법을 선택했다. 그냥 주문을 조용히 취소해서 그 상황에서 벗어난 것이다. 그게 무슨 경우냐며 예민하게 따져가며 감정 소모를 하지도 않았고, 고객센터에 항의 전화를 걸어 문제를 키우며 화를 내지도 않았다. 그저 갈등 거리가 우글거리며 나를 기다리고 있는 상황에서 빠져나왔을 뿐이다. 예민하게 굴며 내 마음에 상처를 내지 않았으니 산뜻한 마음으로 금방 다른 가구를 주문할 수 있었다. 심지어 생일선물로 받았다. 새로운 서랍장은 매우 만족하며 사용하고 있고, 다음 집에도 물론 가져가서 쭉 쓸 예정이다.

얼마간의 시간이 흘러 나의 극복할 과제였던 L 사로부터 입장할 차례라고 문자가 왔다.

조금 전에 아빠 지갑을 구매하면서 L 사 제품이 내 마음에 살짝 한 발만 들어왔다면, 여성 제품을 구경하고난 뒤 '그동안 내가 이렇게 아름다운 것들을 안 보고 살았다니.' 하고 안타까웠을 정도로 내 마음에 깊숙이 들어와 꽂혔다.

오후 시간이라 전시되어있는 가방이 많은 건 아니어서 원래의 목적대로 스카프와 숄 위주로 구경을 했다. 사람들이 L 사의 스카프를 별로 안 좋아하는 건지, 시기를 잘 맞춰 간 건지, 전에 갔던 H 사와 비교했을 때 매장에 보유하고 있는 스카프의 물량이 정말 많았다. 오히려 집에서 훔쳐보듯 구경하곤 했던 L 사 공식 홈페이지에 있던 시즌 한정판 몇몇 제품을 빼고 디자인 별 색깔별로 다 있어서 고르는 재미가 있었다.

나를 응대해준 셀러는 정말 열정적이었다. 이번에는 가로세로 약

120cm짜리 겨울에도 할 수 있는 자이언트 스카프 숄을 고르는 거라 펼치고 개는 것도 수고스러웠을 텐데 내가 관심 있어 한 모든 스카프를 다 꺼내서 열정적으로 내 목에 둘러주고 어울리는지도 잘 봐줘서 고마웠다. 우선은 기본 아이템부터 사서 옷장을 채워야겠다는 생각으로 단색의 수수한 숄을 사려고 했는데 그날따라 안 어울리는 것 같았다. 나의 최종 선택은 붉은색이 주를 이루는 다채로운 색상의 커다란 시즌 한정판 제품이었다. 구매한 숄이 엄청나게 커서 몸집이 작은 그 셀러가 다리기에는 버거워 보였는데도, 전시된 상품이 마지막 상품이라 구김이 많다고 스팀다리미로 거의 20분 정도를 다려서 정성스레 포장해줬다.

스카프나 숄을 고를 때는 단색도 좋지만, 컬러가 다채로운 제품을 고른다면 두르는 방향에 따라서 다른 디자인인 것처럼 보여서 더욱 잘 활용할 수가 있다. 옷을 매치할 때에는 스카프에 들어 있는 색깔 중에서 고르면 잘 어울린다. 옷장에 옷도 별로 없는 와중에 빨간색 옷이 있겠느냐만, 다행히 스카프에 있는 작은 카키색 무늬가 내가 가진 카키색 옷과 잘 어울려서 자주 하고 다녔다. 숄을 사면서 나한테 빨간색이 잘 어울린다는 것을 알게 됐으니 나중에 선명한 빨간색의 옷을 입을 만큼 패션이 과감해지면 함께 코디해보고 싶다.

L사의 기본적인 숄은 언제 방문해도 비교적 쉽게 구할 수 있는데 시즌 한정 제품은 그때 지나면 영영 사라지는 거니까 매장에 갔을 때 시즌 한정판 모델이 잘 어울리고 마음에 든다면 그걸 사는 걸 적극적으로

추천한다. 시즌 한정 디자인의 제품은 정말 그 시즌이 지나면 다시 나오지 않기 때문에 아마 우리나라에서 나랑 같은 숄을 한 사람을 마주치기란 쉽지 않을 것 같다. 제품 모델명으로 온라인이나 패션 관련 사이트에 검색을 해봐도 구매한 사람은 아무도 못 봤다. L 사가 가장 흔한 명품 브랜드라고 생각했던 건 나의 오산이었다. 가장 대중적이면서도 희소성이 있는 제품을 만들어내는 곳이 바로 그곳이다.

L 사는 모노그램이나 바둑판무늬 프린트 위에 나만의 특별한 문양이나 문자를 새기는 '마카쥬 marquage'라는 서비스도 있어서 흔히 볼 수 있는 '3초 백'도 내가 원한다면 세상에 하나뿐인 가방으로 만들 수도 있다. 매장에서 제품을 구매하고 바로 이니셜 마카쥬를 의뢰하고 가는 사람도 있고, 공식 홈페이지에서는 애초에 원하는 마카쥬를 선택해서 나만의 백으로 디자인된 제품을 의뢰할 수도 있다. 이날 이후에는 가방도 하나 더 구매해서 결국 1년 동안 가장 많이 구매한 브랜드는 L 사다. 공식 홈페이지에서 편하게 온라인 주문도 되고, 디자인과 실용성을 다 잡은 제품이 많아서 앞으로 가장 자주 구매하게 될 브랜드도 L 사일 것 같다.

나는 어릴 때부터 L 사의 가방을 좋아했다. 그러니까 명품백을 드는 걸 조롱하던 된장녀라는 말이 머리에 콕 박혀서 예민하게 반응했던 거다. 나도 속으로는 대학 가면 팔목에 '3초 백' 끼우고 다니고 싶었는데 괜히 사람들한테 욕먹을까 봐 애초에 패션에 초월한 듯 굴었고 15년도 넘는 시간을 억누르며 보냈다. 그렇게 살다 보니 정말 명품에 관심이 없는 것 같던 시기도 있었지만 뒤늦게 폭발해서 명품을 매달 지르게 되지 않나.

억눌린 모든 건 결국 폭발하기 마련이다.

세 번째 명품백을 핑크색으로 산 여자
입덕 부정기는 짧을수록 좋다

요즘에 인터넷에는 '입덕 부정기'라는 신조어가 흔히 사용된다. 어떤 상대에게 자기도 모르게 끌리는 감정을 억지로 부정하는 시기라는 뜻인데 마침내 입덕 부정기를 끝내고 자신의 감정을 오롯이 인정하면 행복한 입덕 시기를 맞이하는 것이다.

〈예시〉

A: 나 아이돌 A 입덕 부정기 끝냈어

B: 잘됐다. 언제든 결국 좋아질 텐데 하루라도 빨리 덕질하는 게 낫지.

A: 아이돌그룹 B 안 좋아하는데 어제 온종일 아이돌그룹 B 영상만 봤어.

B: 안 좋아하는데 영상은 왜 온종일 봐? 입덕 부정기 맞네.

예시와 같이 원래는 연예인의 팬이 되는 과정을 설명할 때 쓰는 말이지만 이 입덕 부정기는 여러 상황에 사용할 수 있는 굉장히 유용한 말인 것 같다.

콤플렉스와 피해 의식으로 살아오다 옷장을 다 버리고 명품을 잔뜩 구매해본 나의 지난 1년을 거창하게 적어봤지만, 사실 이 입덕 부정기라는 말로 간단히 설명이 가능하다. 이 책은 진짜 나의 모습을 인정 못하는 입덕 부정기를 지나 입덕을 결심하면서부터 그게 무엇이든 남이 뭐라고 하든지 말든지 나 자신을 지지하는 팬이 되기로 한 지난 1년의 기록이다.

예나 지금이나 내 본질이 세속적인 사람이라는 점은 변하지 않았고 그걸 인정하고 받아들이느냐 아니냐의 마음가짐만 달라졌을 뿐인데 이게 정말 엄청난 차이 같다. 검소하지 않으면 죄의식을 느꼈던 내 오랜 콤플렉스를 벗어 던지려 명품 테라피 단기 속성 코스를 밟은 결과, 바짝 독이 올라있던 소비 욕구가 요즘에는 오히려 느슨해졌고, 강박도 많이 사라졌다.

벌써 올해 들어서 구매한 가방에 관해 이야기할 차례가 되었다. 소개할 명품이 얼마 남지 않았다. '책으로 하는 명품 언박싱', '독서도 하고 명품에 대한 정보도 얻는 활자화된 아이 캔디 Eye Candy'라는 아이디어로 책의 주제를 정했던 것에 비해 내가 가진 명품 컬렉션이 아직 소소하다는 게 조금 아쉽다. 아직 1권일 뿐이니까. 나중에 더 많은 브랜드와 더 다양한 제품들을 구매하게 된 뒤에 다음 권을 작성할 수도 있으니 앞으로 소비를 할 때는 그 소비를 하게 된 이유와 내 생각, 그 시기에 어떤 일들이 있었는지 기록을 잘해두어야겠다는 새로운 다짐을 해 본다.

나의 하얀색 첫 명품백을 처분하고 싶다는 생각에 강렬하게 사로잡힌 올해의 어느 평일 아침, 백화점에서 포장해줬던 그대로 다시 포장해서 중고명품 업체에 가서 매입 상담을 받았다가 반값도 안 쳐준다고 해서 단념했던 그 날. 핑크색 C 사 W.O.C가 눈에 들어오고 말았다. 마침 내 생일 무렵이라 가방 하나를 사야지 생각은 하고 있었고, 찜해놓고 입고되기를 여러 날 기다리던 가방도 있었지만 나는 언제나 핑크색 가방이 하나쯤 갖고 싶었던지라 그 가방을 보는 순간 구매를 안 할 수가 없었다.

딸기 우유 같은 핑크, 립스틱 같은 핫 핑크, 보랏빛 핑크, 진달래 같은 핑크, 오로라를 묻힌 듯 무지갯빛으로 반짝이는 이리데슨트 핑크 등 C 사에서는 정말 다양한 핑크색 가방이 거의 매 시즌 조금씩 다른 컬러로 출시된다. 그렇지만 아무리 예쁘다 한들 옷 다림질부터 다시 배우는 수준의 패션 감각을 가진 내가 클래식 백을 과감히 핑크색으로 구매한다고 갑자기 옷을 잘 입게 되는 게 아니거늘. 핑크색 클래식 백은 코디하기 막막하고 자주 못 들 것 같아서 망설이던 중에 발견한 극적인 대안이었다.

W.O.C는 Wallet on Chain의 약자로 단어처럼 이어서 [웍]이라고도

부르고 [더블유 오 씨]라고도 부르는 체인 달린 지갑이다. W.O.C는 가로 20cm로 엄밀히 따지면 보통 장지갑보다 약간 큰 사이즈의 지갑인데, 요즘 많이 유행하는 미니 백들의 가로길이가 19cm 정도이다 보니 W.O.C도 가방 용도로 사용되고 있다. 다른 브랜드에서도 W.O.C는 출시되지만, 특히나 C 사의 W.O.C는 지갑 가격에 가방을 살 수 있고, 클래식 백을 크기만 약간 줄여놓은 디자인이라는 점에서 인기가 높다. W.O.C는 최근 2~3년 사이에 가격이 확 뛰었기 때문에 2~3년 전 구매한 그대로의 가격에 팔아도 팔린다. 내가 혹 떼러 갔다가 혹 붙이고 온 곳에 진열되어 있던 핑크색 W.O.C에는 구매 영수증까지 남아있기에 확인해보니까 처음 구매가격과 내가 중고로 구매한 가격이 같았다.

C 사의 가방을 중고로 살 때 필수적이라고 생각하는 개런티 카드는 물론이고, 박스, 더스트백, 영수증까지 다 있었고, 캐비어 가죽 소재라 스크래치에 강하다는 점도 마음에 들었다. 게다가 수고스럽게 가방을 팔러 나왔다가 팔지도 못하고, 아무 소득 없이 돌아가는 게 싫기도 했고.

가로 25cm 넘어가는 클래식 백 미듐 또는 라지사이즈는 무난한 컬러인 검정, 베이지, 레드만 모으기로 하고, 내 사랑 핑크색 핸드백은 이 작고 부담 없는 W.O.C로 사면 적당할 것 같다는 생각이 구매에 더 확신을 실어주었다. C 사의 시즈널 컬러는 그 시즌에만 나오고, 비슷하게는 다시 나와도 100% 똑같은 컬러는 안 만들 확률이 높다고 알고 있다. 나의 W.O.C는 늘 나오는 디자인이지만 그해에만 출시된 한정판 핑크색이라 더 소장 가치가 있는 것 같다. 집에 가져와 다시 살펴보니 역시나 안도감이 들면서 비로소 이 예쁜 핑크색 W.O.C를 산 것을 마음속부터 기뻐할 수 있게 되었다. 사람은 돈을 쓰면 기분이 좋아진다. 그런데 그 쓰는 수준이 어느 점을 넘어가면 돈 써서 기분 좋은 것보다 잔고가 줄어서 불안한 마음이 더 커지므로 돈 쓴 보람이 없다. 비용과 만족감의 적정한 중간이라는 건 소득마다 정해져 있는 것도 아니고 사람마다 주관적인 것이니 누가 뭘 사든 판단하고 비난할 수 없다는 걸 최근에 와서야 부쩍 깨닫는다. 남의 지갑 속사정을 어찌 알고 판단할 수 있으랴.

슬픈 일이지만 우리나라에는 된장녀 이후에도 혐오 표현은 사라지지 않고 오히려 더 다채로워지는 중이다. 된장녀의 확장된 개념인 김치녀, 이에 뒤질세라 나온 김치남, 뭐만 하면 뒤에 '벌레 충 蟲' 자를 붙여 일반화한 뒤 '무슨 충, 무슨 충' 혐오를 한다. 심지어 평범한 중, 고등학생들을 급식 먹는 벌레라고 급식충이라고 조롱하며 사춘기의 특징인 반항심, 철없음 등을 적당히 너그럽게 봐주던 사회 분위기마저 사라졌을 정도이다. 모두의 모두를 향한 적대감이 만연하다 못해 아슬아슬하게 터지기 일보 직전같이 느껴지는 지뢰밭 같은 시대. 요즘은 걸을 때 왼발부터 나가면 빨갱이, 오른손잡이는 매국노로 몰리는 수준으로 날이 서 있어서 어디에서 혐오가 튀어나올지 짐작조차 못 하겠다. 사람들의 의식과 행동이 제한될 수밖에 없다. 혐오 표현을 어떻게 하면 멈출 수 있을까 나름대로 고민해보기까지 했지만 당장은 불가능할 것 같다. 하지만 멈추지 못한다 해서 영향을 안 받을 방법이 없지는 않다. 그 방법은 두 가지로 요약할 수 있다.

첫 번째로는 범죄가 아니라면 웬만한 것들은 존중받아야 할 솔직한 욕망임을 인정하고, '그게 뭐가 나빠?'하는 마음가짐을 갖는 것이다. 사람들이 별일도 아닌 일에 '무슨 무슨 충'이라고 비하하는 것을 '무슨 무슨 경향'이라고 순화해서 들은 뒤, 나에게 그런 경향이 있다면 솔직하게 받아들이고 당당해지자. 누군가 나를 명품을 밝히는 명품충, 즉 명품을 좋아하는 경향이 있는 사람이라고 한들 아무 문제 없지 않은가. 명품 좋아하는 게 뭐 나쁜 일이라고.

두 번째로는 '나에게 하는 말이 아니다.' 하며 무시하는 것이다. 내가 된장녀라는 올가미에 걸려 수십 년을 의식하며 살아온 것처럼, 김치녀, 김치남이라는 혐오 표현이 거슬리는 이유는 나더러 하는 소리라고 받아들였기 때문이 아닐까? 누가 자꾸 신경 예민하게 만드는 소리를 하면 나한테 하는 말이 아니라고 한 귀로 듣고 한 귀로 흘리는 것도 정서 안정에 도움이 될 것이다.

아무것도 적지 않은 흰 종이도 모노톤, 까만색으로 빼곡하게 칠한 흰 종이도 똑같이 모노톤이듯 이렇게 혐오 표현이 점점 빼곡해지다 보면 나중에는 어쩌면 아무 영향력이 없어질 수도 있지 않을까? 그런 상황이 오는 건 충분히 가능할 것 같다. 사람들이 시시하게 반응하는 날이 오면 혐오 표현도 서서히 멈출 거라고 기대해본다.

중고 매장에서 가방을 몇 번 구매해 보자 정·가품을 구별하는 명품 감정의 세계도 흥미롭게 느껴진다. 중고 명품 가방에 관해서 관심을 가지다 보면 특히나 중고 거래가 가장 활발한 게 C사라는 걸 알 수 있다. 명품 감정에 대해서 지식을 확대해야 할 필요가 있었다. 명품 감정을 직업으로 갖기에는 나의 프리랜서 생활에 맞지 않는 것 같지만 개인적인 궁금증을 해소하고 앞으로도 중고거래를 확신을 갖고 하기 위해서라면 명품감정 자격증을 취득해보는 것도 나쁘지 않을 것 같아서 정보를 알아보는 중이다.

중고 C사 가방을 사보기도 하고, 관련 정보도 모아보면서 내 나름대로 알게 된 C사 핸드백 정·가품 구별법을 아마추어 수준에서 간략하게 설명해보겠다. 우선 C사 가방을 중고로 구매할 때 개런티 카드가 없다면 아무리 상태가 좋아 보이고 시세보다 저렴하게 나왔어도 구매를 다시 생각해야 할 필요가 있다. 최소한의 안전장치이기 때문이다. 개인 간 중고거래 플랫폼 애플리케이션에는 C사 가방 박스, 더스트백, 리본과 같은 포장 패키지만 따로 판매하는 사람들도 많아서 C사의 포장만 정품으로 구하는 건 얼마든지 가능하다. 포장 패키지가 다 있느냐 없느냐는 정·가품을 판단할 때는 무의미한 요소이다. 개런티 카드에 고유번호가 매겨져 있고, 이와 동일한 번호가 가방 안쪽에 스티커로 붙어있다. 잘 떨어지지 않는 *끈끈한* 스티커라 아주 오래된 가방이어도 웬만하면 다 붙어있으니 중고로 C사 핸드백을 구매한다면 잘 찾아보도록 하자.

개런티 카드와 가방 안쪽 스티커 상의 고유번호가 일치하는지 확인하는 것이 첫 번째라면, 다음 단계는 개런티 카드의 C 사 로고 홀로그램이 보는 각도에 따라 나타났다 사라졌다 하는지를 확인해보는 일이다. 마치 지폐의 위조지폐 방지 기술처럼 각도에 따라서 로고가 나타났다 사라졌다 하는 홀로그램으로 되어있어야 진품 개런티 카드라고 볼수 있다. 가품의 개런티 카드는 복사한 지폐처럼 홀로그램이 없이 어느 각도에서 봐도 정지된 로고가 보인다더라. 그리고 개런티 카드의 금박이 무지갯빛을 띠면 가품, 금빛만 띠면 정품. 가방을 제대로 살펴보기도 전, 개런티 카드와 가방 안쪽에 숨어있는 스티커만으로도 많은 것들을 알아낼 수 있다.

내가 구매한 C 사 토트백처럼 몇 년 도에 생산이 중단되었는지 확실히 아는 모델이라면 고유번호 앞자리가 시기적으로 말이 되는지 따져보는 방법도 있다. 고유번호의 앞 두 자리는 생산된 년 도에 따라 다르다. 내 가방은 2013도에 단종된 모델이라 2014년 생산된 제품에 붙는 19번을 넘어가는 것이 말이 안 된다. 가장 나중에 만들어진 제품도 고유번호 앞자리가 2013년 생산을 뜻하는 17, 18 이전 번호이어야만 말이 된다.

연도별 시즌 백 디자인을 확실히 알고 있다면 이와 같은 원리를 적용할 수 있지만, C 사 공식 홈페이지에서조차 지난 시즌의 상품은 검색할 수 없어서 모든 시즌에 나온 가방 디자인을 다 외우고 있지 않는 한 현실적으로 불가능하다. 약 2010년 이후의 제품부터는 어쩌면 누군가가 가방을 구매해 포장을 풀면서 소개하는 언박싱을 찍어서 올려놓은 영상이 있을지도 모르니 그쪽을 참고해도 좋겠다.

전문가가 아닌 수준에서 해볼 수 있는 또 다른 방법은 바로 자석을 대 보는 것이다. C 사의 체인은 철에 도금한 게 아니고 다른 여러 가지를 섞어서 주조한 합금이라서 자석에 붙지 않는다. 중고 C 사 핸드백 직거래를 하러 간다면 적어도 자석을 하나 가지고 나가서 체인에 안 붙는지 대보고, 개런티 카드가 진품인지 확인하고, 가방 안에 붙어있는 스티커의 고유번호와 개런티 카드의 번호가 일치하는지 적어도 이 세 가지는 꼭 확인하고 구매를 결정하는 것을 추천한다. 박스나 쇼핑백은 의미가 없다. 바느질이나 체인과 엮어놓은 가죽 끝부분 마감처리, 양쪽의 완벽한 대칭 같은 것은 의외로 정품의 품질이 기대에 못 미칠 수 있다.

2021년 들어서 C 사는 개런티 카드, 스티커 방식을 없앨 방침이라고 발표했다. 올해 출시된 가방 내부에는 개런티 카드도 스티커도 없이 고유번호가 적힌 금속 장식이 달려있고, 구매한 고객 정보와 고유번호를 함께 등록하도록 시스템이 변했으니 2021년 생산된 가방을 나중에 개인에게 중고로 구매하게 되면 매장에 등록된 구매자 정보와 가방의 고유번호가 일치하는지 확인해보는 게 좋겠다.

또 하나의 방법으로는 중고명품 매장에 가서 매입 감정을 받는 것이다. 중고명품 업체에서는 혹시 물건이 가품이어도 가품이라고는 절대 말해주지 않고 다른 이유를 들어 매입을 거절한다고 알고 있다. 반면에 아무리 낮은 가격으로라도 매입 가격을 제시한다면 그 가방은 정품일 것이다.

C 사하면 또 빼놓을 수 없는 단어가 바로 샤테크이다. C 사는 지금이

가장 싸고 사놓으면 가격이 오르기 때문에 C 사+재테크의 합성어인 샤테크라는 말까지 생겼다. 한 해에도 몇 번씩 가격을 인상해서 지금 눈앞에 있을 때 안 사고 나중에 산다면 많게는 수십만 원 이상 가격을 더 지불해야 하니까 샤테크라는 말에 공감하는 분들이 정말 많다. 그러나 샤테크가 가능한 가방은 가장 인기 있는 몇 가지 모델뿐이고 한 시즌에만 나오고 사라지는 시즌 백은 거의 해당하지 않으니 한동안 들다가 나중에 되팔 용도로 C 사 핸드백을 구매하려는 분들이 계신다면 클래식백 중에서도 블랙 컬러만 구매하는 게 안전하다. 프리미엄이 붙는 다른 모델도 몇 가지 있지만(예를 들면 탑 핸들 달린 가방) 그건 C 사에서 언제고 생산을 안 하면 그만이라 나중에는 잊혀진 모델이 될 수도 있다.

오로지 샤테크를 하기 위해서만 가방을 구매하는 건 시간과 체력이 아까운 일이다. 매장에서 블랙컬러의 클래식 백, 스크래치에 강해서 선호도가 높은 캐비아 금장 미듐 사이즈를 구매하려면 앞 장에서 언급했던 것처럼 아침마다 줄을 서는 것을 한동안 반복해도 언제 살 수 있을지 알 수 없다. 900만 원을 주고 구매해서 1천만 원에 되판다고 하면 내가 벌 수 있는 돈은 100만 원이다. 거기에는 얼마나 들어갔는지 알 수 없을 나의 시간과 체력도 포함된 것이라 아주 큰 의미가 있는 차액을 남긴 건 아니라고 생각한다.

게다가 C 사는 인기 제품인 클래식 백의 경우에 구매 수량 제한이 있다. 한 사람이 한 달에 여러 개를 구매할 수 없게 매달 가방 1개, 지갑 3개 식으로 구매 제한까지 있기에 샤테크로 한 달에 벌 수 있는 돈도 한정적이다. 바로 팔리지 않는 경우 재고를 안고 있어야 하는 점, 시간이 갈수록 연식이 오래되어서 가격을 점점 낮춰야 하는 점까지 생각하면 오직 되팔기만을 위한 샤테크는 좋은 재테크는 아니라고 할 수 있다.

진정한 샤테크라고 말할 수 있는 상황은 클래식 백 인기 색상을 구매 후 깨끗하게 사용하다가 구매한 값에 거의 근접한 가격에 팔 때뿐이라고 생각한다.

C 사 클래식 미듐의 2012년 가격은 610만 원이다. 2012년에 610만 원을 주고 구매하여 큰 흠집 없이 잘 들다가 2021년에 500만 원 정도의 가격에 되파는 것은 충분히 가능하다. C 사 클래식 미듐을 9년간 약 100만 원 정도에 든 셈이다. 또, 비교적 저렴했다가 인기가 많아지면서 2~3년 사이에 큰 폭으로 가격이 뛴 모델이라면 샀던 예전에 샀던 가격 그대로에 팔아도 팔린다. 예를 들면 구매한 지 얼마 안 된 W.O.C 모델들이 원래는 200만 원 중반이었다가 지금은 300만 원 중반 혹은 장식에 따라 그 이상으로 가격이 올라서 중고시장에는 거의 새것 같은 2~3년 된 W.O.C가 출시 당시 가격에 팔리고 있다.

샤테크를 돈을 벌기 위한 상황에 적용하기보다는 클래식 백을 중고로 구매하여 예산을 아끼는 데 적용하면 이득을 볼 수 있다. 클래식 백은 디자인이 변하지 않고 매년 똑같이 제작되는데 가격만 오른다. 두 겹으로 된 구조라 매우 튼튼하여, 시간이 지나도 형태가 거의 그대로이며 심지어 옛날 가죽 품질이 더 좋다는 말도 있다. 가방에 큰 관심이 없는데 결혼할 때 남들 하는 대로 예물로 받은 사람들이 보관만 하다 파는 경우도 많아서, 몇 번 안 들고 장롱 속에 모셔만 뒀던 오래된 가방을 현재 가격보다 저렴하게 구매하면 합리적인 소비가 될 수 있다.

　물론 새 가방을 매장에서 산다는 경험에 더 큰 의미를 둔다면 얼마든지 매장에서 1천만 원 주고 구매할 수 있다고 생각한다. 하지만 가방 하나에 1천만 원 정도의 가격을 지불하는 일이 가방을 갖게 되었을 때의 희열을 깎아 먹는 요인이 된다면 클래식 백은 중고매장에서 구매를 고려하는 것도 괜찮은 것 같다.

　남의 의견은 들을 필요 없이 나의 행복은 극대화, 불안은 최소화하는 최적의 소비를 하는 것. 그것이 바로 소비의 미학이 아닐까.

　나는 아무리 생각해도 C 사 매장에 매일 아침마다 가서 줄을 설 의욕도 시간도 없다. 올해 들어 매장 대기인원이 점점 많아져서 C 사 신발 전용 매장 말고는 못 들어갔는데 과연 가방을 사러 들어갈 수는 있을까? 그리고 솔직한 내 마음을 들여다봤을 때 H 사 가방이 아니라면 가방 하나에 기분 좋게 쓸 수 있는 맥시멈은 500만 원대 수준이다. 내 생일 전에 재산이 엄청나게 늘어서 나의 소비의 폭을 대폭 조정하는 일이 일어나지 않는 한 C 사 클래식 백은, 특히나 블랙 컬러는 중고로 구매할 것 같다. 매장에서 직접 산다면 사람들이 많이 찾고 중고시장에도 많이 나와 있는 블랙 컬러 말고 레몬색이나 하늘색 같은 내 옷이랑 잘 어울리는 컬러나 시즌 백을 구하면 좋겠다.

두 달 기다려서 산 네 번째 명품백
적당한 기다림이 가져오는 최대의 만족감

행복은 극대화, 불안은 최소화하는 최적의 소비를 하는 것이 소비의 미학이라면, 최소의 기다림과 최대치의 만족감이 그리는 포물선의 교점에 기다림의 미학이 있다. 만족감이라는 게 기다림을 무조건 최소화한다고 커지는 것이 아니고, 너무 오랜 기다림은 사람을 지치게 만드니 적당히 뜸을 들이는 것이 참 중요한 것 같다.

누가 시킨 것도 아닌데 물욕을 억누르는 20대를 보내다가 갑자기 물욕을 해방해 매일매일 사고 싶은 것의 리스트가 늘어나던 나날 중 나에게 콤플렉스를 줬던 원인, 사랑하면 안 됐던 L 사의 가방이 처음으로 나의 레이더에 들어왔다. (드디어 마음속 강박에서 다 벗어났구나 싶어서 흡족하다.) 가볍고 많이 들어가지만 크기는 크지 않은 시그니처 버킷 백 BB 사이즈 사진을 보고 반해버렸다.

복조리와 같이 생긴 버킷 백. 1932년 샴페인 5병을 담을 수 있는 디자인의 가방을 의뢰받아 만들어진 L 사 버킷 백이 나온 뒤 여러 디자이너가 이런 복조리 형태의 가방을 만들기 시작했고 가방의 대표적인 한 형태로 자리를 잡은 디자인이 되었다. C 사가 가방에 처음으로 체인을 달아 숄더백의 시초를 만들었듯, L 사 버킷 백이 복조리 형태 가방의 시초라는 점도 마음에 들었다. 다양한 시리즈로 계속 나오고 있는 가방이지만 많이 만들어지지 않는 건지, 홈페이지에서도 늘 '재고 없음' 상태였고, 매장에 직접 가서 물어보니 단종되어서 더는 안 나온다고까지 말한 유니콘 같은 가방이다. 자주 생산되지 않긴 해도 모양은 기본 버킷 백이라 한 번 사두면 유행 걱정 없이 평생 들 수 있는 가방이라고 생각해서 꼭 사고 싶었다.

L 사 버킷 백 시리즈는 사이즈도 다양하고 그에 따라 가방 스트랩 길이가 다른데 BB 사이즈만 크로스백으로도 숄더백으로도 멜 수 있다. 가장 최근에 나온 스타일을 사려고 했다면 비교적 쉽고 빠르게 구매할 수 있었을 텐데, 왠지 내 마음은 오리지널 디자인인 카우하이드 가죽을 덧댄 모노그램 가방에 끌렸다.

뭔가를 기다렸다 구매하는 것에 익숙하지 않은 나였지만 내가 원하는 가방을 갖기 위해서는 L 사 공식 홈페이지에 입고될 때까지 언제가 될지 모르는 시간을 기다려야만 살 수 있었다. 매장의 셀러도 본 적이 없고, 심지어는 이제는 단종됐다고까지 말할 정도로 드물게 입고되는 제품.

도전 의식이 불붙었다.

홈페이지에서 원하는 상품의 입고 알림 받기를 신청하면 메일로 알림이 오는데 내가 원하는 모노그램 패턴 말고 흰 바둑판 패턴 BB 사이즈의 입고 알림이 먼저 왔다. 무려 밤 12시가 가까운 시간에 입고 알림 메일이 와서 얼른 홈페이지에 들어가 보니 정말 거짓말처럼 구매 가능 초록 불이 떠 있었다. 자려고 누워있었는데 가슴이 막 뛰기 시작했다.
　정말로 단종된 게 아니었다는 것을 확인해서 반가운 마음에 내가 원하던 색상이 아니었던 모델을 주문해버릴 뻔했지만 참았다.

모노그램 패턴이 가장 마음에 들어서 그걸 사기로 정했으니까 모노그램 알람 올 때까지 기다리겠어.

가방 때문에 비장한 각오가 생긴다는 게 웃기지만 정말 비장하다는 표현이 딱인 것 같다.
　다음 날 아침, 역시나 또 재고 없음 상태로 바뀐 것을 보니 마치 꿈 꾼 것 같고, 놓친 것 같은 아쉬운 마음도 들었지만, 내가 1순위로 원했던 모노그램 패턴도 언젠가는 분명 들어오겠다는 확신을 가질 수 있었다.

비장한 마음으로 다른 패턴 모델을 패스하고 얼마 뒤였다. 정확히 기억하기로 육교를 지날 때 문득 강렬한 예감이 들었다

내 가방이 지금 다 만들어졌을 거야.

이 전까지 살면서 간절한 마음을 몰랐던 게 아닌데 그전에 가졌던 간절한 마음과는 조금 다른 당연함이 바탕이 된 뻔뻔한 간절함이었다. 그날 저녁, 입고 알림 메일이 오지도 않았는데 자기 전에 습관적으로 L 사 공식 홈페이지에 들어가 봤다가 운 좋게도 BB 사이즈 모노그램의 구매 가능 표시가 초록색으로 활성화된 것을 보았다.

한번 알림을 줬는데 구매를 안 한 나에게 입고 알림을 안 보낸 것이었는지, 알림 메일보다 먼저 우연히 들어가서 보게 된 건지 모르겠지만 오랜 기다림 끝에 찾아온 이 기회를 놓칠세라 얼른 구매하기를 눌렀다.

원래의 계획은 근처 백화점으로 주문해서 나중에 픽업해오는 거였으나 보통 딱 하나씩만 들어오는 가방을 빨리 주문하려다 보니 미리 저장해놓은 집 주소로 시키게 되었다. (주문 단계에서 집 주소로 배송 선택이 기본값으로 설정되기 때문에 클릭하는 시간을 절약할 수 있다) 다음날 오전에 고객센터에 전화해서 매장 픽업으로 변경되냐고 물어봤는데 한 번 구매하면 배송 출고가 된 게 아니어도 변경하기 어렵다는 답을 들었다. 구매 취소 후 다시 구매하는 방법이 있긴 하나 희귀한 제품이라 취소하지 않는 걸 권해서 그냥 배송 올 때까지 기다렸다. 나와 별로 인연이 없는 것 같던 한정판, 희귀모델이라는 물건들은 어쩌다 보니 다 L 사에서만 구매한 것 같다.

L 사 공식 홈페이지 구매 성공 팁은, 한 가지 인기 모델이 공식 홈페이지에 올라오면 그다음부터는 수시로 들어가서 확인해보는 방법 뿐이다. 예를 들면 L 사를 대표하는 반달 모양 토트백 BB 사이즈 모노그램, 바둑판 패턴 모델이 구매 가능 상태로 바뀌면 이제 곧 내 차례라는 마음으로 홈페이지를 들락거려 보는 거다.

버킷 백 시리즈는 일정한 순서대로 입고되는 것 같다. 흰 바둑판 패턴 BB 사이즈가 시리즈 중 가장 먼저, 며칠 뒤에 오리지널 사이즈의 모든 패턴이 입고되었고, 그 뒤로 며칠 뒤에 내가 구매한 BB 사이즈 모노그램이 구입가능이 되었다. 관찰한 바로는 한 사이클이 다 돌고 또다시 흰 바둑판 패턴 BB 사이즈가 올라오는 시점까지는 약 2개월 정도 걸리는 것 같았다. 매장에는 잘 들어오지 않는 인기 모델을 공식 홈페이지에서 구매하려면 애초에 2개월 정도 걸릴 것이라고 마음먹고 여유롭게 기다려보자. 또, 공식 홈페이지에는 밤 11시에도 물건이 입고되기도 하니까 그 시각에 한 번씩 들어가 보면 원하는 모델이 올라와 있을 수도 있다.

거의 2개월을 기다린 끝에 겨우 손에 넣게 된 L 사 가방은 구매 성공 이후에도 2주나 더 기다렸다가 배송 완료되었다. 아마 한 달만 더 기다려야 했다면 지쳐서 사고 싶지 않게 되었을 것 같은데 정말 적절한 시간을 기다려서 가방을 받자 만족감이 엄청났다. 이런 게 바로 기다림의 묘미구나 싶었다.

가방 하나에 2개월이 넘는 시간을 기다리게 만든 L 사, 가방 구매 기회를 얻기 위해 몇 년을 구매 이력을 쌓으며 기다리게 만드는 H 사, C 사 핸드백을 위해 2021년 우리들이 무릅쓰는 오픈런까지. 3대 명품 브랜드를 지금의 명품 브랜드로 만드는 데에 지대한 공헌을 한, 기다리게 만드는 마케팅은 확실히 효과가 있는 것 같다.

물론 아무거나 일부러 적게 생산한다 한들 사람들이 애가 타겠느냐만, 소량 생산되는 그들의 제품은 기다림이 헛되지 않은 만족감을 주는 품질과 디자인이라 믿지가 않다.

이를 받아들여 퍼스널 브랜딩이나 개인의 삶 속에 적용해도 많이 도움이 될 것 같다. 가짜로 연기하는 것은 어차피 오래 못 가므로 '재고 없는 척' 하면서 무의미한 밀고 당기기를 하라는 말이 아니고 정말 바쁘면 된다. 회사 때문에, 일 때문에 스트레스 받는 그런 바쁨 말고, 하고 싶은 것들과 실천하겠다는 의욕이 넘쳐나 아침에 일어나는 것이 기다려지는 활기찬 에너지 말이다.

그런 상태가 되면 시간 단위로 계획을 세우게 되어 무의미하게 스케줄이 비어 있을 수가 없다. 그러다 보니 약속을 미리 잡아놓는 게 익숙해진다. 적절한 기다림이 당연해지며 만족감도 커진다.

아이디어가 떠오를 때마다 기록을 하며 할 일 리스트를 만드는 나의 삶에 당일 갑자기 즉흥적인 이벤트를 끼워 넣을 시간은 없다. 시간을 비울 수 없으면 잘 거절하는 법도 점점 터득된다.

나도 모르는 사이에 나 자신을 최우선에 둠과 동시에 끊임없이 발전해 나가는 충만한 삶을 살게 된다.

피해 의식에서 벗어나서, 열정을 쏟을 수 있는 일을 찾아 기꺼이 바쁘게 살다 보면 내 시간의 가치가 올라감에 따라 자존감도 오른다.

무속인들이 흔히 말하는 대운이 드는 시기라는 게 있다. 우연히 알게 된 대운이 들었을 때의 특징이 요즘 나의 활기차고 바쁜 삶과 상당 부분 일치해서 신기했다. 대운이 들었을 때의 징조는 다음과 같다.

절대 바뀔 것 같지 않았던 해묵은 가치관이 갑자기 변하고,
도전정신이 강해져 새로운 것들을 끊임없이 시도하게 되고,
주변 사람 또는 물건이 물갈이되어 환경이 바뀌는 것

나에게 대운이 들었을지도 모른다고 생각하자 긍정적인 에너지가 강화되어 더욱 힘이 났다. 그 시기에는 귀인이 등장해서 전혀 생각도 못 했던 길을 보여준다는 말도 들었는데 지난 1년 사이 나에게도 귀인이 여럿 다가온 것 같다. 블로그를 몇 년을 하는 동안 아무 특별한 제안도 받지 못했다가 유독 올해 들어서 블로그를 통해 출판사로부터 책을 써보지 않겠냐고 제안을 받고, 온라인 강의 플랫폼으로부터 온라인 수업을 만들지 않겠냐고 제안을 받았다. 나로 하여금 책을 쓰게 만들고 온라인 기타 수업을 열게 만든 출판사 사장님과 온라인 클래스 매니저님이 나에게 귀인이 아닐까 생각한다.

그 순간에는 몰랐지만 최근 1, 2년 사이에 있던 일들을 떠올려보면 모든 것이 맞물려 돌아간다는 것을 깨닫는다.

옷장을 비운 일이 엄청난 나비효과를 일으켜 나의 관심사, 가치관을 뿌리부터 바꿔놓은 것.

코로나로 집에 있는 시간이 늘어난 이 시대의 불행 속에서 집의 단점이 눈에 들어오기 시작했는데 마침 집주인으로부터 계약 연장 불가 통보를 받아 좋은 집으로 이사를 하게 된 것.

기타 수업을 전혀 못 나가게 된 건 불행이지만 새롭게 쇼핑몰 사업에 도전해본 것.

집에서 내가 할 수 있는 것에 집중하자 수익이 늘어난 것.

아무 관련 없어 보이는 인생의 조각들이 나중에 하나의 그림으로 맞춰지는 걸 보면 경이로울 지경이다.

반면 과거의 나는 어땠나 생각해보면 내 나름대로는 계획도 있었고, 일도 열심히 하면서 살았는데, 열심히만 살았지 잘 산 건 아닌 것 같다.

우선 즉흥적으로 생기는 이벤트를 환영했다. 여러 곳에서 나를 찾아주는 게 잘살고 있는 척도라고 여겼던 나는 거절을 잘하는 게 도대체 뭔지 몰랐다. 나에게 거절이란 관계의 단절, 냉랭한 이기주의였을 뿐, 누가 날 찾으면 마치 의무라도 있는 것처럼 가줬다.

남들을 기쁘게 해주는 것, 희생정신이 유일한 선이라 믿고, 나 자신은 뒷전이었던 예전의 나. 정작 나 스스로가 하는 청은 자기합리화하며 하나도 들어준 적 없으면서, 남한테 착하고 올바른 사람이 되는 것에만 급급했던 그 삶은 거짓이다.

퍼주는 사람 곁에는 반드시 받기만 하는 사람이 붙어서 결국에는 퍼주는 사람이 '해줘도 고마운 줄 모른다.'며 서운해지며 사이가 틀어지고 만다.

반면에 적정한 선을 그어두고 맺고 끊음이 분명해서 약간 어려운 느낌이 드는 사람, 한마디로 비싸게 구는 사람이 잘해주면 기분이 더 좋고, 왠지 더 친하게 지내고 싶어지는 게 사람 마음이다.

'비싸게 구는 사람' 하면 어딘지 모르게 얄밉고 부정적으로 들리지만, 귀한 사람이라는 말과 결국 같은 말이다. '귀한 사람'이라고 하면 좋게 들리지 않는가?

귀한 사람, 즉 귀인이다. 우리가 모두 좀 비싸게 구는 사람, 스스로 귀하게 여기는 귀인이 되면 서로에게 대운을 선사할 것이다.

그것이야 말로 진정한 의미의 남을 위한 배려라고 생각한다.

비싸다. 귀하다. 희귀하다. 드물다. 자주 나타나지 않는다.

바쁘다. 놓치면 다시 기회를 잡기 힘들다.

미리 약속하고 기다려야 한다.

이런 것들은 꼭 인기 많은 명품백에만 해당하는 속성은 아니다. 구하기 힘든 가방을 사면 만족감이 더 큰 것도 같은 맥락이고, 세상 일이 대부분 다 그런 것 같다.

1년 1백을 결심하다

명품을 좋아해서 쓰게 된 이 책을 읽고 계신 분들이 잠깐 한 시간이라도 재미있게 보내신다고 상상하면 그것만으로 무한히 감사한 마음이 든다. 여기에 해묵은 콤플렉스 덩어리를 들어낼 수 있었던 나만의 방법들도 솔직하게 적었으니 우연히 나와 비슷한 콤플렉스가 있고, 나의 이야기에 공감하는 분이 계신다면 이 책이 그걸 벗어날 수 있는 하나의 계기가 될 수 있을 바란다.

콤플렉스를 극복하려면 자기 자신을 사랑해야 하고, 현재에 집중해야 한다는 말은 너무 많이 들었고 직접 말하기도 했는데 때로는 뜬구름 잡는 소리 같다는 생각이 들 때가 있었다.

'그래서 그게 뭔데?' 하는 생각에 고민하고 실천할 방법들을 찾다 보니 옷을 다 버리고 명품을 사보는 것이 나에게는 잘 맞는 방법이었다.

마음을 바꾸고 행동을 하는 게 어려워서 행동부터 바꿨더니 마음이 따라왔다. 이와 마찬가지로 대운이 드는 징조 없이도 셀프로 대운을 만들 수 있지 않을까.

절대 바뀔 것 같지 않았던 해묵은 가치관이 갑자기 변한다.
→ 절대 바뀔 것 같지 않았던 해묵은 가치관을 바꿔보자.

도전정신이 강해져 새로운 것들을 끊임없이 시도하게 된다.
→ 도전정신을 일으켜 새로운 것들을 끊임없이 시도하자.

주변 사람 또는 물건이 물갈이되어 환경이 바뀐다.
→ 주변을 정리해 환경을 바꿔보자.

나는 그 과정에서 돈을 엄청나게 썼지만, 재산이 늘었다. 예전이나 지금이나 똑같이 열심히 일했는데 버는 것만 달라진 걸 보면 '돈도 자길 좋아해 주는 사람을 좋아하나.'라는 재밌는 생각이 들기도 한다.

약 1년간 거의 매월 하나꼴로 명품을 사 모았다. 그 1년 동안 비단 나의 취향만이 아닌 가치관과 삶이 송두리째 많이 달라졌음을 느낀다. 아, 달라졌다는 말보다는 솔직한 나의 가치관을 더는 검열하지 않고 드러냈다는 말이 맞겠다. 그중 하나가 돈은 천박하다는 인식을 없앤 건데 그걸 떨쳐내니 나의 솔직한 욕망을 아무런 거리낌 없이 바라볼 수 있게 되었다. 법의 테두리 안에서 최대한의 자본을 탐하는 것, 그것이 건전하고 숭고한, 존중받아야 할 나의 욕망이라는 것을 깨닫자 자존감이 저절로 올라갔다. 이제는 자기합리화하며 맞지도 않는 성격을 억지로 입으려는 '입덕 부정기'의 시절로는 돌아가지 않을 것이다. 그 마음을 잊지 않으려고 매년 내 생일 때만큼은 나 자신에게 좋은 선물을 주기로 결심했다. 이름하여 1년 1백 프로젝트다.

살면서 사람들은 내가 일하는 모습만 보고 당당하고 대범하다는 평을 주로 해왔고, 나도 내가 그런 줄 알았는데 실제의 나는 콤플렉스로 똘똘 뭉친 사춘기 소녀였다. 내가 상상하는 기준에 맞는 올바른 사람이 되기 위해 '편협한 도덕의 신'을 섬기며 정말 내가 원하는 것들을 가장 앞장서서 묵살해온 것은 다름 아닌 나 자신이었다.

요즘 사회는 예전보다 훨씬 더 강력하게 사춘기 소년 소녀들에게 영향을 미치고 있다. 우리는 무엇이든 될 수 있는 가능성이 있는 존재라 사람마다 진짜 모습은 깜짝 놀랄 만큼 다양하지만, 같은 시대에서 같은 미디어의 영향을 받고 자란 사람들과 영향을 주고받으며 살기 때문에 각자 머릿속에 설정된 올바른 자기의 모습은 고만고만할 것이다. 사람들 각자가 추구하는 게 얼마나 다른데, 이상적인 이미지는 미디어와 인터넷의 영향으로 점점 똑같아진다면 거기서 오는 괴리감에 자신을 사랑하지 못하고 자존감이 바닥 치는 사람은 또 얼마나 많을까.

된장녀라는 단어 하나가 검소함을 강박적으로 숭상하게 했던 수준을 넘어 요즘 사회는 모든 분야에 PC 주의 (Political Correctness)가 만연해 모든 면에서 자기 검열을 강요하고 있다.

웬만한 상황마다 자괴감에 빠질 수 있는 함정이 도사려 의견이라는 것을 펼치기도 어려워진 시대, 얼마나 많은 청소년이 자신을 검열하고 진짜 원하는 바를 자발적으로 묵살하며 자라게 될지 걱정스럽기까지 하다.

올바름이란 기준에 너도나도 말을 보태는 까닭에 오히려 옛날보다 제약이 많아진 사회를 보면 모든 문장에 밑줄을 쳐서 중요한 게 뭔지 알 수 없게 된 교과서가 떠오른다. 내가 기워 만든 누더기 롤모델은 요즘에 비하면 양반인 것 같다는 생각도 들고.

반면에 명품을 소비하는 연령대가 낮아졌다는 기사도 있어서 놀랍다. 주목을 받기 위해 일부러 논란의 주인공을 자처하기도 한단다. 원래 모든 상반된 현상들이 동시에 나타날 수 있는 게 세상이라는 것을 다시금 느낀다. '그래, 똑같은 시대를 살아왔더라도 나처럼 되는 사람도 있고, 아닌 사람도 있는 거지.' 하면 어느새 걱정이 사라지고 내 삶에 대해서나 집중할 수 있게 된다. 세상에는 원래부터 정말 다양한 모습이 있고, 내 세상은 내가 보는 대로만 보이는 거니까.

사춘기의 특징 중 한 가지가 자신이 세상에서 가장 특별하다고 여기는 경향이라고 한다. 어딜 가도 사람들이 자신만 쳐다보는 것 같으니 남들을 굉장히 의식할 수밖에 없는 것이다. 그래서 그 무렵 아이들이 머리를 길게 길러 눈을 가리거나, 커다란 후드를 뒤집어쓰고 다니는 경우가 많다. 사춘기에는 조금만 실수를 해도 온 세상의 조롱거리가 된 것 같은 기분에 괴로워진다. 부끄러움은 필연적이라는 것이다.

어른이 되면서 사는 게 다 비슷비슷하다는 생각이 들 때면 더는 나 자신이 특별하다고 느껴지지 않는다. 이게 어떻게 들으면 슬프게 들릴 수도 있지만, 오히려 남의 시선에서 비로소 벗어나 자유로워지는 일이라고 생각하면 노화의 축복이라고 할 정도로 행복한 일이다. 사람들은 내가 뭘 하든 크게 신경을 쓰지 않는다. 내가 머리부터 발끝까지 명품을 두르고 다닌들 아무도 관심이 없으니까 사치한다고 비난할 일도 없다는 것을 알게 되었다.

남의 시선 신경 쓰지 않고 사는 것에 대해서 요즘만큼 본격적으로 고민해 본 적이 없는데 어쩌면 남의 시선이라는 것은 의식하고 말고를 고민할 만큼 대단치 않은 것이란 생각이 든다. 애초에 서울 한복판에서 '지나가는 코끼리가 나를 어떻게 볼까.' 하는 걱정을 할 필요가 없는 것처럼 나의 길을 걸어가면 되는 거였다.

올해 들어 처음으로 동네에 있는 백화점이 아닌 압구정 H 백화점에 갔을 때 별생각 없이 아무 명품매장 직원을 붙잡고 화장실 어디냐고 물어보고 나서 문득, 명품 매장에 뭐 입고 갈지 고민하던 1년 전의 나는 고작 화장실 어디냐는 질문도 백화점 처음 온 티가 날까 봐 못 물어봤을 것 같다는 생각이 들었다. 지금의 나는 어떤가. 적어도 화장실을 마음대로 가게 되었으니 한층 자유롭구나!

저마다의 문제를 안고 있다는 면에서 사람들 사는 건 다 비슷비슷하므로 더는 내가 세상에서 가장 특별하다고 생각하지는 않아도, 세상에서 내가 제일 중요하다고는 생각한다. 내가 눈을 뜨면서 내 세상이 열렸고, 내가 눈을 감으면 내 세상도 끝난다. 그러므로 나에게는 내가 세상에서 가장 중요한 사람임이 분명하다. 평생을 나라는 한 인간을 태교

한다는 심정으로 내가 좋은 것만 경험할 수 있게 최선을 다해야지. 마음 깊은 곳에 있는 자유롭고 솔직한 내 의견이 지나가다 마주치는 코끼리 같은 남의 시선 걱정에 지레짐작으로 걸려져서 세상에 못 나오는 일이 없도록 해야겠다.

드디어 나의 길고 긴 사춘기가 끝나려나 보다.

여전히 나는 문득문득 치고 올라오는 소심한 불안감에 자존감이 흔들릴 때가 많지만 몇 가지 방법을 만들어 실천하면서 깎아 먹은 자존감을 그때그때 회복하고 있다. 물건 구매를 예를 들면, 검소해야만 한다는 강박감이 슬그머니 고개를 들려고 할 때는 우유 하나를 사더라도 싸게 사려고 멀리 있는 마트에서 사서 무겁게 들고 오는 게 아니라(예전에는 그래야만 되는 줄 알았다.), 천 원 더 주더라도 집 바로 아래 편의점에서 내 몸 편하게 구매하곤 한다. 사소한 일이지만 흐뭇해진다.

옷을 살 때 두 가지 정도가 최종적으로 남았다면 차라리 조금 더 비싼 쪽을 선택하는 것도 묘하게 기분이 좋아지더라. 물론 티끌 모아 태산이라는 절약 정신에는 완전히 위배되는 행동이라 돈을 낭비하는 본인의 습관을 고치고 싶은 사람에게는 맞지 않는 방식일 수 있지만, 나의 경우에는 너무 싼 것만 찾아다니던 내 모습에서 벗어나고 싶은 거니까 이런 방법들이 자존감을 올리는 데 도움이 된다. 각자의 상황에 맞게 저렇게 아주 사소한 본인만의 방법을 만들면 이유 없이 떨어진 자존감을 회복하는 데 도움이 될 거라고 본다.

내가 명품을 매달 구매했던 건 치료비는 커도 효과는 확실한 충격 요법 같은 거였다. 이제는 그렇게까지 자주 쇼핑을 하지는 않고 위와 같은 소소한 방법들을 이용해 자존감을 키우는 데 집중하고 있다. 내가 추구하는 방향에 에너지를 쓰고 있는 게 맞는지, 또 자신을 스스로 속이고 있지는 않은지 늘 돌아보는 것도 잊지 않는다.

떨어진 자존감을 즉시 회복해주는 나만의 네 가지 방법은 다음 챕터에 자세히 적어봤으니 궁금하신 분들은 끝까지 읽어보시면 좋겠다.

자존감을 즉시 높여주는
네 가지 실천 가능한 방법

자존감을 깎아 먹지 않으려면 할 수 있는 한 나 자신에게 더욱더 좋은 것을 제공하는 것이 완전히 습관화되어야 한다. 나에게 좋은 것만 보여주고, 좋은 것만 먹이고, 좋은 생각만 갖도록 노력 할 각오를 하고 오늘부터 평생 태교에 들어가자. 내가 마음을 다잡고 1년 넘게 실천하고 있는 자존감을 즉시 높여주는 네 가지 실천 가능한 방법을 소개해 본다.

첫째, 사고 싶은 것 중에 최종 두 가지가 남았는데 선뜻 결정을 못 할 때는 둘 중 비싼 것으로 구매해보자. 최종 후보로 올랐다면 그다지 유의미한 가격 차이가 나지는 않을 텐데 아쉬움을 남겨가며 굳이 저렴한 것을 살 필요는 없다. 둘 다 마음에 든다면 최종 결정에서는 가격을 무시하고 내 마음에 더 끌리는 쪽을 골라보는 경험을 자꾸 해보는 건 중요하다.

둘째, 손님을 불러 요리해 줄 일이 있을 때는 모양이 약간 안 예쁜 음식 말고, 제일 예쁜 것을 내 몫으로 하자. 반대로 우리가 남이 해주는 요리를 대접받을 때 집주인이 상석에 앉아 제일 예쁜 것을 먹는다고 해도 기분 나쁘지 않은 것처럼, 남도 나를 이기적으로 보지 않는다. 과일을 깎아 나눠 먹을 때 과일심 쪽은 그냥 버리는 게 낫다. 남들은 예쁘게 깎은 과일을 내주고, 돌아서서 과일심 갉아먹는 신파극 같은 장면은 이제 안녕이다.

내가 남들 대신 안 예쁜 음식을 먹든, 과일심을 먹든 사람들은 그런 일이 있었는지 알아채지도 못한다. 정말 그렇게까지 남에게 관심이 없으니 걱정할 필요 없다.

게다가 주인이 모양 예쁜 음식을 차지했다고 기분 나빠할 사람을 곁에 두면 해롭지 않을까? 이런 이유들로 나 자신에게 가장 좋은 것을 주는 게 여러모로 합당하다.

내가 주인일 때 요리하고 수고하는 스스로를 대접할 줄 알아야 손님으로서 대접받는 모든 것에 감사할 수 있게 된다. 희생을 강요받아온 윗세대가 '나 때는 더 힘들었다'며 요즘 사람들의 힘듦을 별 게 아니라고 치부하는 현상이 나타나는 것이 바로 나의 수고를 낮잡아보면 남의 수고도 낮잡아 보게 된다는 증거다.

그런 의미에서 희생이란 미덕은 지나치게 높게 평가될 건 아니라고 생각한다. 나를 존중하는 것이 바로 남을 존중하는 것, 결코 이기적인 행동이 아님을 기억하자.

　셋째, 내가 좋아하는 것들을 찾아 실천 계획을 세우자. 강박 갖지 말고 얼마든지 계획은 변경해도 되지만 이유가 남 때문이어서는 안 된다. 다음 주에는 어떤 책을 읽고, 어떤 활동을 하며, 운동하러 언제 갈지 설레는 마음으로 정해놨는데 당일 갑자기 술 마시자는 사람이 있다고 다 팽개치는 것은 나보다 남의 시간을 더 우선하는 일이라고 할 수 있다. 친구가 청첩장을 주는 날이라든가, 이민 직전이라 도저히 다른 날이 없다는 등 예외적으로 한두 번이야 그럴 수도 있겠지. 아니, 정정한다. 내 시간을 존중하는 친구라면 청첩장 주는 날도 미리 상의해서 정했을 테고, 이민 직전에야 만나자고 당일 통보하는 친구라면 그냥 떠나게 두고 자연스럽게 멀어지는 편이 나을지도 모르겠다. (자존감을 높이는 방법을 이야기 하면서 자꾸 사람을 거를 방법을 제시하게 되는 건 어쩔 수 없다. 자존감을 높이는 과정은 어느 정도 외로움을 감수해야 하는 일이므로. 외로움을 삶의 당연한 부분으로 받아들인다면 외로움에 대한 두려움 때문에 나를 희생해가면서 남에게 맞출 필요가 없고, 자연스럽게 자존감이 올라가는 거니까.)

　내 몸이 피곤하면 운동 대신 휴식을 취해도 되고, 1시간 동안 독서를 하리라 집어 들었던 책이 너무 흥미로워 중간에 덮을 수 없다면 뒤에 계획해놓은 청소는 잠시 미루고 책을 마저 읽는 정도는 괜찮지만 남 때문에 내 계획을 취소하는 건 자존감을 위협한다. 그건 착한 게 아니다.

　퇴근 후에 운동하러 가려고 계획을 세워놨는데 관심 있는 이성에게 오늘 퇴근하고 저녁이나 먹자고 연락이 온 상황을 가정해보자. 이 기회를 놓치기 아쉬운 마음에 당장 알겠다고 한다. 당장 말하든 애태워 보려는 뻔한 속셈으로 1시간 끌었다 말하든 상관없다. 이미 내 계획을 남 때문에 포기한다는 사실이 나에게 독이 되니 말이다. 나의 운동계획 따위는 바로 취소해버릴 마음이 드는 그 순간 나보다 상대방을 우선순위에 놓는 것이다. '오늘은 운동하기에는 피곤하니까 그럼 그냥 같이 저녁이나 먹을까?' 고려하는 이면에 자기합리화가 있지는 않은지 솔직하게 들여다보지 않으면 요즘 흔히 말하는 '을의 연애'를 할 확률이 높아진다. 갑이 되라고 하는 말은 전혀 아니니 오해는 마시길. 을은 갑질하는 사람을 만나게 되어있고, 갑질하는 사람은 을을 만나게 되어있다. 자기를 존중하는 사람 둘이 만나도 겨우 아름다울락말락 한 게 인간관계인데 존중이 없는 갑을 관계는 손에 손 잡고 파국을 향해 달려갈 뿐 끝에는 아무것도 남는 게 없다.

한편, 그렇게 쉽게 취소할 수 있는 계획이라면 애초에 내가 정말 하고 싶은 일이 아니었을 수도 있다. 엄청난 경쟁을 뚫고 예매한 공연 날이었다면 두 번 생각 하지 않고 다음에 만나자고 하지 않았을까? 내가 세운 계획이 소풍날을 기다릴 때와 같은 설렘을 주지 않는다면 꾸준히 지키기 힘들어진다. 그러므로 우리는 모두 진심으로 좋아하는 걸 찾아야하고, 찾을 수 있다. 무엇이든 존중받을 가치가 있다는 걸 받아들이면 '근사해 보이는' 일, '남들이 부러워할 만한' 일이 아닌 내가 좋아하는 것들이 보이게 될 것이다.

넷째, 언제나 늘 조금씩 차려입는 습관을 들이자. 사람들이 모두 다 이견 없이 싫어하는 상황이 있다면 그것은 바로, 흉한 몰골로 있을 때 아는 사람 마주치는 상황일 거다. 대표적인 케이스가 전 애인, 혹은 지금 호감이 있는 사람이거나, 친구, 직장 동료 등등 살다 보면 왜 여기서 이 사람을 만나지 하는 경우가 종종 생기는데 그러지 않으려면 흉한 몰골로 다니는 날이 내 사전에 없도록 하면 된다. 늘 치장을 하라는 게 아니라 깔끔하게 갖춰 입는 습관이 몸에 배면 언제 어디서든 옷 때문에 위축되어 하루를 망치는 일은 절대 일어나지 않는다. 예쁘게 하고 나갔을 때 드는 기분 좋은 자신감, 그걸 가끔만 느껴야 하는 법은 없다. 365일 옷을 상황과 자리에 맞게 차려입고 365일 좋은 기분을 느껴보자.

이것만큼은 명품브랜드에서
사기를 추천하는 세 가지 아이템

'고렴이'(가격이 높은 물건)와 '저렴이'(가격이 낮은 물건) 믹스매치를 잘하면 전체적인 스타일이 고급스러워 보일 수 있다. 다음 세 가지 아이템은 명품 브랜드와 일반 브랜드와의 퀄리티 차이가 크기 때문에 명품을 구매했을 때의 만족도를 극대화 할 수 있다.

첫째, 누가 뭐래도 가방. 명품의 시즌별 컬렉션은 원래 옷이 메인이고 거기에 어울리는 가방을 만드는 거라고 하지만, 옷은 유행이 지나도 가방은 더 오래 남는 경우가 많다. 그리고 가방은 전체적인 옷의 분위기를 비싸 보이게 만들어주기도 해서 SPA브랜드에서 구매한 옷에 명품백을 매치하는 사람 정말 많다. 옷은 중간 이상의 품질만 구매해서 구김 없이 잘 다려입는 기본적인 청결 관리만 하면 고급스럽게 입을 수 있다. 그러나 가방은 명품백과 아닌 가방의 차이가 꽤 나는 편. 명품백을 구매한다면 중요한 자리에만 메려고 아껴두지 말고 평소에도 들고 다니자. 자존감을 높여주는 네 가지 방법으로도 소개했던 것과 같이 나의 평범한 날들이 언제나 조금씩 특별해질 수 있도록 스스로가 충분히 만들어 나갈 수 있다.

둘째, 향수는 나에게 어울리는 향으로 비싼 것을 구매해서 아껴 쓴다는 마음으로 조금씩만 뿌리자. 향수로 샤워를 할 정도로 많이 뿌릴 바에는 그냥 아무것도 안 뿌리는 편이 나와 한 공간에 있는 사람들을 위해서 좋고, 향수를 좋아해서 꼭 뿌리는 사람이라면 좋은 향수를 구매해 조금씩만 뿌리면 좋은 인상을 남길 수 있을 것이다. 향에 관한 기억이 뇌에 가장 오래 남는다고 하지 않는가. 명품 브랜드의 기초화장품은 본인 피부에 안 맞으면 쓸 데가 없고, 색조화장품도 다른 브랜드에 대체재가 너무나 많지만, 향수는 독보적이라고 본다. 너무나 좋은 향기를 찾았다면 그것을 나를 대표하는 향기로 삼고 꾸준히 사용하는 것도 괜찮을 것 같다.

셋째, 예상한 분들이 많겠지만 신발을 마지막으로 골라보았다. 합성 가죽으로 된 싸구려 신발은 발에 맞춰 길들지 않아 끊임없이 내 발을 괴롭힌다. 맨땅을 걷는 것처럼 충격 흡수도 되지 않기 때문에 발뿐만이 아니라 무릎과 허리에도 안 좋고, 온몸이 신발 하나 때문에 다 고통받는다. 안 좋은 신발을 신으면 신발이 길들기 전에 내 발이 먼저 변형되고 만다.

나는 한쪽 발 똑같은 곳이 그냥 걷다가 두 번이나 부러진 적이 있다. 두 번 모두 지속적인 약한 충격이 뼈에 누적되어 안에서부터 서서히 골절이 진행되는 '피로골절'이었다. 무슨 사고가 있지도 않고, 술을 마신 것도 아닌데 생긴 이 뜬금없는 피로골절에는 다른 요인도 보다도, 발에 피로감을 잔뜩 주는 신발을 오래 신은 탓이 큰 것 같다.

어차피 신으면 닳을 신발인데 아깝다는 생각이 든다면, 굳이 명품 브랜드에서 안 사더라도 꼭 좋은 품질의 내피 외피 모두 천연가죽으로 된 신발을 신어서 신발이 내 발에 맞춰 길들도록 하는 게 좋다. 발이 불편하면 온종일 신경이 곤두서고, 외출 시간과 체력의 한계가 생기므로 나의 행동의 자유마저 제한되고 만다. 내가 원하는 바, 계획한 바를 제약 없이 수행하려면 신발은 편하고 좋은 것을 신도록 하자.

이것만큼은 명품브랜드에서 안 사기를 추천하는 세 가지 아이템

명품이라고 다 좋은 건 아니다. 물론 정말 원한다면 얼마든지 사도 되지만 갖고 싶은 것들은 많으니까, 나처럼 돈을 모아서 하나씩 우선순위를 정해 구매하는 분이라면 이왕이면 꼭 피했으면 하는 아이템들을 소개해본다.

첫째, 명품 파인주얼리. 금과 은으로 만든 파인주얼리는 누가 언제 어디서 만들어도 다 금과 은이다. 다이아몬드 등 보석 전문 브랜드의 시그니처 디자인에 중점을 둔다면 구매해도 좋지만, 센스있는 심플한 디자인의 파인 주얼리는 시세에 따른 금값에 세공비를 적당히 들여서 합리적으로 제작한 것을 착용하면 충분하다고 생각한다. 결국 금은 금이니까. 물건을 살 때마다 되파는 것을 생각할 필요는 없지만, 명품에서 나온 파인주얼리는 되팔 때 특히나 제값을 못 받는 아이템이기도 하다. 살 때는 금값+높은 세공비+높은 브랜드 값어치까지 더해져 높은 금액을 주고 구매하는데, 팔 때는 금값+약간의 브랜드 프리미엄 정도밖에 못 받는 다는 걸 알고 구매를 고려하면 좋겠다.

둘째, 그 시대의 패션을 정하고 선도하는 명품 브랜드들의 레디 투 웨어 컬렉션, 그중에서 B 사의 트렌치코트, C 사의 트위드 재킷과 같은 브랜드 정체성의 정수가 담긴 아이템이 아닌 이상 티셔츠, 스웨터, 블라우스, 스타킹 같은 소모성이 짙은 항목들은 명품브랜드에서 굳이 안 사도 될 것 같다. 물론 명품 브랜드에서 나오는 니트는 대부분 질 좋은 캐시미어 100%, 혹은 버진 울 100%, 이런 고급 소재들로 만들어지기는 하지만 옷은 반드시 유행을 타고, 티 나게 낡아간다는 것을 명심하자. 게다가 명품 브랜드의 면 티셔츠는 소재가 얇고 하늘하늘한 편이라 더 잘 늘어나는 경향이 있다. 옷은 품질 좋은 다른 브랜드도 너무나 많다. 명품 브랜드에서는 옷보다는 좀 더 오랫동안 품질이 유지되는 것들을 구매하는 걸 추천한다.

셋째, 두 개 이상의 지갑은 약간 고민해보자. 여기에는 장지갑, 반지갑, 카드지갑, 카드 홀더 등이 다 포함된다. 휴대폰 결제가 널리 상용화되면서 지갑은 점점 안 쓰는 추세인 요즘, 본인이 평소 카드 한 장 들고 다니고 현금은 언제 만져봤는지 가물가물하다면 지갑은 작은 지갑 하나만 있어도 충분한 것 같다. 뭔가를 사고 싶은데 큰돈을 쓸 수는 없을 때 지갑은 가격이 낮아서 큰 부담 없이 구매할 수 있다는 이유로 지갑을 사 모으고 있다면 아까운 일이다. 그리고 지갑은 계속 가방 안에 있는 거라 옷에 따라 바꿔줄 필요도 없으니 여러 개를 갖춰 놓지 않아도 된다.

그냥 따라 하면 몇만 원씩 생기는
프로 N잡러의 현실 하루 일과

갖고 싶은 게 많아서 추가 수익을 올려야겠다고 생각하시는 분들에게는 아마 이 책에서 뭘 샀는지에 관한 내용보다 프리랜서로 혼자 돈 버는 부분이 흥미롭게 다가왔을 것 같다.

요즘 어디서나 노트북이나 휴대폰만 있으면 일할 수 있는 '디지털 노마드'에 대한 관심이 대단히 높다. 그들은 대부분 관광비자만 받아서 이 나라 저 나라 돌아다니며 유목민처럼 온 세상을 경험하며 살기 때문에 디지털(Digital) 노마드(Nomad 유목민)라는 신조어가 생긴 것이다. 나는 한 곳에 정착된 안정적인 삶을 추구하기에 여러 나라를 떠돌아다니고 싶지는 않지만 출근이 필요 없고 어디서나 내가 원하는 시간에 혼자 일할 수 있다는 점에서 디지털 노마드란 확실히 매력적인 삶의 방식인 것 같다.

나 역시 손에 휴대폰만 쥐어주면 아무 데서나 일하는 디지털 노마드 중 한 사람으로서 여러 가지 혼자 돈 버는 방법을 소개했는데 관심 있는 분들이 정말 한 번 따라 해 볼 수 있게끔 내가 어떻게 돈을 벌고 사는지 하루 일과를 상세히 소개하려 한다.

우선 나의 목표는 수익이 다만 만원이라도 매일매일 통장에 들어오게 만드는 거다. 카드값 나가는 것과 반대로 생각하면 된다. 딱히 거하게 쇼핑을 하거나 대단한 지출이 있던 것도 아닌 달에도 편의점에서 군것질 몇천 원, 마트에서 식재료 몇 번 사고, 매번 무슨 호텔 뷔페에 간 것도 아닌 그저 평범한 식당에서 밥 몇 번만 먹으면 월말 카드 명세서에 몇백만 원은 우습게 찍힌다.

이게 다 내가 쓴 게 맞다니.

저런 생각을 한 번이라도 해 본 적 있다면 수익도 그렇게 만들지 못할 이유는 없다.

오전 9시 이전 : 식사하면서 앱테크

나는 출근을 안 해도 음원 유통사 뮤시아와 공조 관계인 음원 사이트 회사들은 9시에 업무가 시작되니 혹시 아침에 급하게 수정요청 오면 처리하려고 아침 일찍 일어난다. 아침 8시 전에는 꼭 일어나서 여유롭게 아침 식사를 하는 동안, 출석 체크를 하면 포인트를 주는 각종 은행, 금융 애플리케이션을 순례하면서 포인트를 번다. 출퇴근 하며 교통비를 쓰는 대신에 딱 그만큼을 눈 뜨자마자 버는 셈이다. 어떤 앱테크를 해야 하는지는 인터넷에 '앱테크(애플리케이션 + 재테크)'라고 검색하면 정보가 쏟아지는데 보통 머니○○, ○○코인, 아○, ○○나우, ○○멤버스, ○○은행, ○○메이트, ○○워크, ○○페이○, 페이○ 정도가 많이 소개되어 있으니 가볍게 시작해보도록 하자. 어디든 처음에 가입할 때 추천인 코드를 넣으면 포인트를 한 번에 많이 주니까 검색해서 나오는 아무 추천인 코드라도 입력하고 포인트를 더 받는 것도 필수다.

이런 앱테크는 간단히 말해 능동적으로 광고를 보고 돈을 받는 구조이다. 새로운 게임이 나오거나 새로운 온라인 커머스 사이트가 출시되면 위에 언급한 다양한 앱테크용 애플리케이션과 제휴해 다운로드한 사람을 대상으로 몇백 원의 보상을 지급하는 형태의 마케팅을 펼친다. 게임의 경우에는 다운로드 받고 튜토리얼 정도만 시청해도 몇천 원을 줘서 꾸준히만 하면 의외로 포인트가 금세 쌓인다. 하루에도 쏟아지는 새로운 애플리케이션이 얼마나 많은지 따져봤을 때, 놓치기는 아까운 부가 수입이다. 나는 밥 먹는 시간을 이용하고 있지만, 직장에 다니는 분들이라면 출퇴근길 대중교통에서 하는 걸 추천한다. 한 달 교통비 지출 정도, 혹은 그 이상까지도 가뿐히 상쇄시킬 수 있을 것이다.

오전 9시 : 블로그 업무

아침 9시 무렵에는 컴퓨터 앞에 앉아서 밤사이에 온 메일을 확인한다. 효율적인 일 처리를 위해 메일주소 하나만 사용하기에 블로그 관련, 음원 유통 의뢰 관련, 최근에는 출판 카테고리를 추가로 만들어 헷갈리지 않게 분류해놨다. 나는 아침에 가장 머리가 잘 돌아가서 아침에 블로그에 글을 쓰는 버릇을 들였다. 앞의 챕터에서 말했던 것처럼 다양한 체험단에서 들어온 원고 의뢰는 표로 정리해 두고 마감일이 가까운 순서대로 작업하곤 한다. 매일매일 통장에 수입이 찍히도록 하는 게 나의 목표이므로 어제 쓴 글 원고료가 오늘 들어오고, 오늘 쓴 글 원고료가 내일 들어오는 시스템을 만들어 입금이 끊이지 않도록 신경 쓰고 있다.

하루에 쓰는 기자단 원고의 양을 각자의 능력에 맞게 정해두는 게 좋다. 매일 들어오는 원고료를 잘 분배하려는 이유도 있지만 무엇보다 중요한 건 한 번에 너무 많은 글을 쓰면 쓰다가 지쳐서 글의 퀄리티가 떨어질 수 있기 때문이다. 글의 퀄리티가 떨어지면 더 이상 의뢰가 들어오지 않는다. 블로그는 장거리 달리기처럼 에너지 분배를 잘 해야 오래 뛸 수 있다는 걸 기억하자.

오후 1시 : 음원 유통 업무

음원 사이트에 신규 앨범이 올라오는 시간은 기본이 낮 12시이기 때문에 음원 유통 업무는 당일 발매된 앨범 확인이 끝난 점심시간 이후

처리하기 시작한다. 뮤지션들은 저녁에 작업을 많이 하는지 음원 유통 의뢰는 밤에 와있는 편이다. 뮤시아가 가장 빠른 음원 유통사라는 슬로 건이 빈말이란 소리를 안 듣도록 고객에게 밤에 메일이 왔더라도 메일 확인했다고 답장을 바로 보내고, 다음날 업무 시간에 본격적인 유통 작 업을 시작하는 거다. 보통 하루에 다섯 건 내외로 작업을 하면 이른 오 후면 등록 작업은 다 끝난다. 음원 유통 작업 외에도 월말이면 월말 정 산표를 만들어서 모든 고객에게 일일이 발송하는 서비스도 제공 하고 있고, 매월 1일에 정산금을 보내는 작업, 홈페이지 관리나 수정 등 파생 되는 일까지 하다 보면 밤까지 업무가 길어지는 날도 있다.

오후 4시 : 일상 업무 종료, 기타 수업

투자를 하거나 기자단 사진 촬영을 위해 외출하는 등의 비정기적인 일과를 포함, 여기에 소개한 일상적인 업무는 모두 이른 오후 쯤 끝난 다. 이후에는 취미활동을 즐기거나 새로운 일을 구상하거나 요일에 따 라 기타 수업을 하러 나간다.

내가 수업 나가는 곳은 초등학교 방과 후 수업 또는 청소년수련관 등 공공기관이라 코로나 시국에는 모두 문을 닫았지만 요즘은 서서히 재 개되는 중이다. 기타를 전공하지도 않고 어떻게 공공기관에서만 가르 치는지 우리 엄마·아빠조차 신기해하실 정도라 악기를 가르치는 프리 랜서가 되고 싶은 분들 위한 가이드는 따로 책으로 만들까 준비하고 있는데 포인트만 간단히 먼저 설명하면 여러분이 정상급 연주자가 아니어도 가능하다는 거다.

학생들을 가르치는 실력과 오랜 연주 경력은 사실상 전혀 상관이 없다고 봐도 무방하다. 나와 같은 곳에서 수업하는 한 악기 선생님이 있다. (이 책에서는 악기 종류를 바꿔서 적도록 하겠다.)

그 선생님은 리코더를 가르치는 분이라 코로나에 나보다 더 큰 직격탄을 맞았다. 수업이 재개된 뒤 그 분 수업을 보니까 마스크 쓰고 실로폰을 가르치고 계셨다.

나 역시 기타를 가르치기 시작한 지 얼마 안 됐을 무렵에 잠시 아르바이트로 일했던 음악 학원에서 우쿨렐레 수업 대타를 한 번 한 적 있는데 수업 3일 전에야 우쿨렐레를 처음 만져봤음에도 불구하고 수업은 만족스럽게 진행했다. 고작 3일 만에 하나의 악기를 마스터할 수 있는 사람은 천재가 아니고서야 불가능해도, 기타를 가르친 경험을 토대로 빠르게 우쿨렐레를 이해한 뒤 1시간짜리 수업 계획을 짜는 것은 충분히 가능한 일이다. 어차피 우쿨렐레에 대한 깊은 지식과 엄청난 연주 실력이 있더라도 1시간 수업 안에 다 보여줄 수는 없고, 막상 그렇게 다 알려주려 하면 배우는 입장에서 매우 지루한 수업이 된다. 우리가 어렸을 때 진도를 과하게 빨리 나가는 선생님 수업이 지루했던 것과 마찬가지다.

이후 스펙을 좀 더 쌓아볼 요량으로 우쿨렐레 지도자 자격증 과정을 이수하러 약 3개월간 매주 수업을 나가는 동안 강사님이 제대로 연주하는 건 한 번도 보지 못했다. 그 분은 교재도 집필하셨으니 물론 연주도 잘 하실 테지만 지도자 과정 수업에서 연주를 보여줄 필요는 없고 잘 가르치는 방법과 수업을 어떤 커리큘럼으로 구성하는 지, 꼭 필요한 것만 알려주면 되는 거다.

이처럼 어떤 일이라도 완벽해야만 시작할 수 있다는 생각을 버리면 도전하는 데 부담이 줄어든다.

살면서 해봤던 모든 일, 취미, 경험을 하나 골라 일로 발전시키면 그게 바로 새로운 직업이 된다. 그리고 그걸 오래 붙들고 연구하면 전문성이 생긴다. 그렇게 시작해서 약 10년 가까이 기타를 가르쳐온 나에게, 전공하지 않았다고 전문성이 없다고 할 수는 없을 거다. 나만큼 쉽게 가르치는 강사도 별로 없고 말이다.

위와 같이 벌어들인 나의 수입 내역을 정리해보면 아침에 교통비 정도 벌 수 있는 앱테크, 블로그로 들어오는 원고료와 광고 및 모든 수익, 음원 유통 수익, 온/오프라인 기타수업 강사료로 볼 수 있다.

크고 작은 수익이 매일매일 통장에 들어오고 새로이 구축해놓은 투자처로 자연스럽게 흘러가면서 돈을 번다.

우리가 쓴 지출을 모으면 깜짝 놀랄만한 카드 값이 되듯이 매일 들어온 크고 작은 돈을 모으다 보면 여러분은 곧 깜짝 놀랄만한 종합소득세를 맞아 다급한 마음으로 세무사를 찾게 될 것이다.

부디 절세의 축복이 함께 하시길.

상상에 상상을 더하는 일 벌이는 사고방식

여러분이 새로운 일을 시작하는 데에 거부감을 없애고 아이디어를 내는 데 도움이 되고자 나의 일 벌이는 사고방식은 어떤 흐름으로 흘러가는지 몇 가지 예시를 들어 공유해본다.

나는 기타를 가르치며 접한 음반 시장에 대한 전문적인 정보를 바탕으로 음원 유통사를 차린 특이한 경우라고 할 수 있지만 조금만 알아보면 전문지식 없이도 할 수 있는 사업은 무궁무진하다.

레드오션이란 경쟁 업체가 많아서 시장이 이미 포화상태라는 뜻으로 보통은 뛰어들기에는 늦었다는 의미로 쓰인다. 예를 들어 온라인 쇼핑몰은 레드오션 사업의 대표 분야다. 온라인 쇼핑몰은 수천 개, 수만 개

있으니까.

그러나 생각을 바꿔보면 레드오션이야말로 정말 누구나 다 할 수 있을 만큼 진입장벽이 낮다는 뜻도 된다. 새로이 뭘 시작해야 될지 모르겠으면 누구나 다 하는 레드오션에서 힌트를 얻자. 하는 사람이 워낙 많아서 레드오션이라고 불릴 정도라면 마음먹고 알아보면 정보가 넘쳐난다. 사업자등록이며 통신 판매업 신고며 생소하고 막막할 수 있으나 막상 하다 보면 한나절 내 끝나는 간단한 일이다.

도저히 쇼핑몰 업무까지 할 시간이 없는 직장인이라면 옷 사진만 찍어 올려만 놓으면 나머지 모든 업무를 대신해주는 에○○○ 또는 브○○ 등 쇼핑 플랫폼에 판매자로 가입하는 방법도 있다.

개인 온라인 쇼핑몰 뮤시아는 1년만 하고 접었지만 두 곳의 대형 쇼핑 플랫폼에 올려놓은 상품들은 놀랍게도 아직 매달 몇 개씩은 팔려서 아예 잊어버리고 접속 자체를 안 하고 살다가 정산금이 들어올 때마다 '아, 나 쇼핑몰 있지?'하고 새삼스러운 기분이다.

개인 쇼핑몰에는 상품을 다양하게 구비해야 한다는 부담이 있으나 대형 쇼핑 플랫폼에는 다양한 쇼핑몰에서 올리는 상품이 한 곳에 모여 카테고리별로 소비자에게 보이니 내 상품 한두 개만으로도 시작할 수 있다는 장점이 있다. 처음에 도매에서 물건을 사서 사진을 찍고 올리는 과정은 낯설고 시간이 많이 들며, 플랫폼 담당자에게 입점 승인을 받아야 하기 때문에 힘들게 느껴질 수 있는데, 아시다시피 쇼핑과 패션에 대해 아무것도 모르던 나조차도 입점까지 한 달이면 충분했다. 상품을 한 번 올려놓으면 배송, 반품, 교환, 재고 처리 문제에도 신경을 안 써도 된다는 점에서 부업으로 추천할 만 하다. 게다가 판매하는 아이템 중 기본적인 티셔츠 같은 종류는 계절이 지나고 다음 해에도 도매에서 생산을 하므로 오랫동안 판매할 수 있다는 장점이 있다.

도매에서 무료로 샘플을 빌려와서 사진만 촬영해 판매한다면 온라인 쇼핑몰을 시작할 때 드는 비용은 교통비, 전기세, 내 인건비 밖에 없다. 진입장벽이 낮은 레드오션에 초기 투자금 없이 들어가는 것만으로도 경쟁력을 갖고 시작할 수 있다.

이 책을 읽고 패션이나 온라인 쇼핑몰 창업에 관심 있는 분, 또는 그냥 뭔가를 도전해서 성취감을 느끼고 싶은 분께 실질적인 도움이 되기를 바라며 내가 발품 팔아 알아본 샘플 빌리는 노하우를 공유한다.

우선 온라인 포털사이트에 개인 온라인 쇼핑몰을 무료로 만들거나, 앞에 소개한 쇼핑 플랫폼에 가입승인을 받고 난 뒤라면 샘플 의류를 받을 수 있는 조건은 갖춰졌다.

소셜 네트워크에 해시태그로 '옷 도매, 도매, 동대문 도매' 등을 검색하면 의류 공장이나 도매 매장이 나오는데 판매하고 싶은 스타일의 옷을 파는 매장에 연락해서 샘플을 요청하면 된다. 방법을 알고 나면 허무할 정도로 간단하지 않은가!

도매시장 영업시간은 건물마다 약간씩 차이는 있지만 주로 자정에 문을 열어 아침 9시면 닫기 때문에 전화보다는 다이렉트 메시지나 휴대폰 메시지로 사업자 등록증, 쇼핑몰 주소를 첨부해서 샘플 요청 후

답변을 기다리는 방식이 껄끄럽지 않고 좋다. 간혹 생긴 지 얼마 안 된 곳이라면 도매 매장 페이지에 '샘플 제공'이라고 적어두기도 해서 수월하게 샘플을 받을 수 있으니 빼놓지 않고 받도록 하자.

내가 무료로 음원 유통을 하는 것과 마찬가지로 새로 시장에 뛰어든 온라인 쇼핑몰이 잘 될지 안 될지는 도매에서도 알 수 없는 일이라 잘 팔릴 가능성을 믿고 빌려주는 곳들이 생각보다 많다. 메시지를 보내자마자 샘플 뭐 필요하냐고 상품명을 말하라고 덜컥 답변을 준 곳도 있어서 오히려 심장이 철렁했던 적도 있었다. 나는 아직 마음의 준비가 덜 됐는데 다음날 바로 동대문 새벽시장에 나가야 했으므로.

물론 샘플 요청을 거절하거나 무시하는 곳도 있지만 그건 세상 모든 일이 다 그런 거니 마음에 담아두지 말자.

쇼핑몰에 똑같은 옷을 올리더라도 사진 찍는 재능과 옷 소화 능력, 그리고 운에 따라서 많이 팔릴 수도 있고 잘 안 될 수도 있는 거지만 일단 기회를 만들어보는 데에는 이렇게 샘플로 받은 몇 가지 옷으로도 충분하다.

일을 벌이려면 지금보다 고차원의 상태가 늘 있다고 확신해야 한다.

2차원에서는 3차원을 인식할 수 없지만 우리는 3차원의 세계를 너무 당연하게 살아가고 있는 것처럼, 수업 시간에 배웠던 4차원도 내 눈에 안 보인다고 해서 없는 게 아니다. 내가 지금 당장 몰라서 그렇지 돈 버는 방법은 반드시 더 있다는 걸 믿고 상상하자.

'없다.'고 가정하고 그것을 증명하려고 애쓰면 의식적으로 없는 이

유만 찾게 된다. 반대로 '있다.'라는 가정을 증명하다 보면 그 과정에서 있음을 발견할 확률이 높다. 범인을 정해놓고 수사를 하면 어떻게든 그 사람이 범인이 되도록 증명할 수 있다는 의미로 표적 수사라는 말도 있지 않은가.

내가 처음 방과 후 학교에 강사로 취직할 수 있었던 건, 대학교 다닐 때 교직 이수를 받아서 교원자격증을 받은 것과 음원 유통사를 차리기 전에 기타 치면서 취미로 끄적여 본 곡을 발매해서 작곡가로 저작권협회에 등록됐기 때문이다. (필명 말고 본명으로 등록해놨다) 그전까지는 과외만 몇 번 해본 게 전부라 이력서에 적을 수 있는 기타 강사 경력은 없었지만 교원 자격증, 작곡가 이력 단 두 줄로 집 근처에 있던 초등학교에서 처음 수업 기회를 얻었고 이후에는 그 학교 경력을 기반으로 수업을 계속 늘려나갔다.

수업을 다니면서 알게 된 강사님들 중 방과 후 학교 강사 자격증을 취득한 분들이 매우 많다는 걸 알게 되었다. 가르칠 능력이 있음에도 이력서에 적을 경력이 없는 강사들은 방과 후 학교 강사 자격증을 취득하여 일을 시작하는 거다. 나 또한 우쿨렐레 지도자 자격증을 딴 뒤, 학교 수업 몇 군데를 더 나갔으니까 확실히 방과 후 학교 강사 취업에 도움이 되는 자격증 같다.

그러나 같은 수업이어도 취미로 배우면 저렴하고, 지도자 과정으로 배우면 돈이 많이 든다. 필라테스도 운동 삼아서 배울 때는 몇십만 원인데 지도자 과정은 몇백만 원인 것처럼 지도자 과정에는 자격증 발급

비용이 포함되어있기 때문이다. 이 사실을 알고 난 뒤 나의 사고방식에 대입하면 이렇게 일을 또 벌일 수 있다.

'그럼 나는 방과 후 학교 강사 자격증을 발급하는 강사가 되는 게 낫겠군!'

방과 후 지도자 자격증 강사가 그냥 방과 후 강사보다 돈을 더 많이 번다는 걸 인식한 뒤
: 고차원 인식
= 방과 후 지도자 자격증을 발급하는 자격에 대해 찾아본다.
: 방법 찾기

실제로 책을 쓰다가 저 생각이 머리에 떠오르자마자 찾아본 결과 2021년 5월 31일 기준으로 민간 자격관리 운영 기관으로 등록한 개인이 6,888명, 법인이 4,408개라는 정보를 찾았다. 일단 개인도 민간 자격증을 발급할 수 있다는 걸 알았으니까 상세한 조건도 금세 찾을 수 있을 것이다. 잘 안 되면 어쩌지 걱정은 할 필요 없다. 원래 일은 잘 안 될 수도 있는 게 당연하다. 우리는 지금 일을 벌임으로써 노출 빈도를 올리는 것에만 집중하면 된다.

좋은 것들을 많이 말하고 생각할수록 : 노출 빈도를 높여서
= 좋은 것들을 많이 갖게 될 것이다. : 확률을 높인다.

앞서 했던 말이지만 다시 한번 강조해보았다.

이 책을 쓰고 난 뒤 또 어떤 일을 벌일 수 있을까 상상해본다. 책에 공감하는 분들을 대상으로 강연을 하면 좋겠다. 강연을 통해 블로그에 의뢰받은 기자단 포스팅 올리는 방법을 보여드리고 싶다.

말로만 설명하면 실감이 나지 않을 수도 있으니까 다음 날 아침에 올릴 기자단 자료를 미리 하나 챙겨 가서 그 자리에서 실시간으로 바로 포스팅을 올리는 생생한 돈벌이 현장을 공개하면 많은 분이 수익화 블로그에 쉽게 도전하도록 동기부여가 될 수 있겠다는 마음에서다.

사실 더 적극적으로는 체험단 업체에게 의뢰를 받는 것을 뛰어넘어 직접 체험단 업체를 차리는 방법도 있고, 내가 블로그로 지금 하는 일들이 누군가에게는 지나간 단계일 수 있지만 꼭 최종단계에 다다른 사람만이 무엇인가를 말할 수 있는 것도 아니다. 최종단계, 궁극적인 무언가를 찾아내 사려고 했다면 나는 아직도 끊임없이 뭔가를 원하기만 했을 뿐 아무것도 갖지 못 했을 것처럼.

나의 방법은 아직 시작을 못 한 다른 누군가에게는 신선한 자극이 될 거라고 생각한다.

주차된 차를 힘으로 미는 거랑 똑같이 시작하는 게 제일 어렵고 일단 움직이고 나면 대개는 어렵지 않게 저절로 굴러간다. 집안일도 시작하는 건 힘들어도 막상 청소기 돌리다 말고 관두는 사람은 별로 없다. 내 의지가 못 미덥다면 관성의 법칙을 믿어보자.

끝맺는 글

글을 마치며 현시점의 컬렉션 위시리스트에는 어떤 것들이 있는지 적어놓고 나중에 시간이 지나서 내가 실제로 구매하게 되는 것들과 비교해보면 재미있을 것 같다는 생각이 들어서 하나씩 적어보았다.

코로나로 인한 집콕 시대가 끝나서 외출을 자주 하게 되는 날이 오면 신발부터 사야지. 모임이 없는 시대라 구두 신고 갈 곳이 별로 없어서 발이 푹신한 운동화나 스니커즈만 주로 신다보니 구두는 아직 못 샀다.
내 발에 잘 맞고 오래오래 신을 수 있는 로퍼를 어두운색, 밝은 색 각각 한 켤레씩, 발레리나 플랫, 약간의 굽이 있는 발레리나 슬링백을 한 켤레씩 사야겠다. 신발도 똑같은 것만 계속 신으면 신발도 금방 망가지고 발 건강에도 좋지 않다고 들어서, 여러 켤레의 좋은 신발을 두고 매일매일 바꿔 신고 싶다.

명품 신발 하니까 떠오르는 사람이 한 명 있다. 첫 직장에서 사귄 나보다 한 살 많은 언니. 그 언니가 하루는 '어제 새 구두를 사서 한쪽만 살짝 크게 늘렸는데 아무래도 더 늘려야 될 것 같다.'며 새로 산 구두를 보여줬다. 한참 전이지만, 아직도 기억나기로는 베이지색 P 사 플랫슈즈였다. 나보다 고작 1살 많은 같은 20대이고, 나랑 똑같은 월급을 받으면서 명품 신발을 사 신는다고 '돈 막 쓰네.' 하고 생각했던 게 미안해진다. P 사 신발이 얼마인지 알지도 못했으면서 막연히 비싸겠거니 넘겨짚기도 했고, 그 언니가 나한테 신발 살 돈 빌려달라고 한 것도 아닌데 자기 돈을 어디에 쓰든 내가 함부로 판단할 일이 아니라는 것을 그때는 몰랐다.

그 당시 그 언니와 나는 별로 친한 사이는 아니었지만, 아마 지금의 나라면 잘 지냈을 수도 있을 것 같다. 왜냐면 그 신발을 보고 예쁘다 잘 샀다고 칭찬이라도 한 마디 건네며 대화가 화기애애했을 테니. 벌써 10년도 더 된 일인데, 언니는 그 신발을 아직 가지고 있을까 문득 궁금해진다.

클래식 백은 앞서도 말했듯 색깔별로 모으고 싶다. 지금 현재의 마음으로는 라지 사이즈 블랙 은장, 미듐 사이즈 라이트 베이지 금장, 레드 은장 구체적으로 이렇게 세 가지가 갖고 싶다. 블랙, 베이지, 레드 컬러를 모으면 그 뒤에는 너무너무 갖고 싶다는 마음은 안 들 것 같지만, 혹시 더 사고 싶어져도 컬러를 선택함에 있어서 자유로워질 테고, C 사에서 매번 새롭게 출시하는 시즌 백이 마음에 들더라도 구매할 때 길게 고민하지 않을 것 같아서 그렇게 골라봤다.

다음으로는 시계를 사고 싶다. 하나는 가죽, 하나는 금으로 된 시계를 사면 액세서리를 많이 하는 걸 좋아하지는 않는 나의 스타일에 매일 활용하기 좋을 것이다. 명품 브랜드에서 은으로 된 목걸이를 사봤고 어쩌다 보니 하자가 있던 불량품이라 아쉬워했지만, 지금 생각으로는 다행이었다는 생각이 든다. 명품브랜드에서 금이나 은 같은 파인 주얼리(Fine Jewelry)를 구매하는 건 지금은 약간 아깝다는 입장이다.

대신, 장식적이기도 하고, 기능성도 갖춘, 브랜드의 아이덴티티, 고도의 기술력이 몽땅 집약된 시계를 구매하는 게 꽤 괜찮은 소비라는 생각이 들었다. 금으로 된 주얼리는 대체제가 많아도 시계는 아무나 못 만드는 거니까. 가죽 시계는 시곗줄을 교환할 수 있어서 하나 사면 나중에는 줄만 바꿔가며 착용해도 되니 활용도까지 좋다. 내가 찜해둔 브랜드의 금시계는 18K 진짜 금으로 만들어서 영원히 변하지 않는다는 면까지 더해져 소장 가치가 매우 높다.

물론 가격도 매우 높지만 미래의 내가 알아서 살 일이니 미리 걱정하거나 포기할 필요는 없는 것 같다. 현재의 나는 그냥 갖고 싶다는 생각을 하며 할 수 있는 것들을 하겠다.

화려한 가방 위시리스트를 다 이루고 코로나도 완전히 끝나서 여행도 자유롭게 갈 수 있는 날이 오면 파리의 H 매장에 가서 가방을 사 오는 데 성공하고 싶다.

매장 방문 예약 운도, 가방을 잘 보여주는 셀러 운도 따르길!

평소에 짐이 많지 않거니와 그 가방에 짐을 많이 넣을 생각도 없는 나에게는 중간 사이즈 뉴트럴 컬러라면 어떤 것이든 좋겠다. 크로스나 숄더백으로 들 수 있고 토트백으로도 들 수 있는 K 백이 활용도가 좋아서 나의 옷 스타일에 더 잘 맞을 것 같다.

내 옷은 푸른 계열이 대부분이라 푸른색이 들어간 스카프를 손잡이에 감을까 하는데 요즘에는 가방과 같은 색감의 스카프를 감는 게 대세라고 하니 그렇게 해도 예쁘겠다.

L 사의 동그란 트렁크 백도 갖고 싶다. 모자를 구겨지지 않게 담는 용도의 모자용 트렁크를 축소해놓은 가방이라 매우 견고하고, 원래 트렁크 제작으로 시작한 브랜드이니만큼 소장하는 의미가 있는 모델이라고 생각한다. L 사의 트렁크는 여전히 사이즈별 용도별로 다양하게 제작이 가능하긴 해도 현실에서 들고 다닐 수 있는 크기는 모자용 트렁크를 축소한 그 모델 뿐이다.

당장의 위시리스트는 길지 않지만 한 번에 전투적으로 사 모으는 것보다는 내 커리어에 기념할 일이 있을 때나 여행, 생일과 같이 기억에 오래 남을만한 구실이 있을 때 적당한 기다림 끝에 하나씩 사고 싶다. 열심히 살게 되는 동기부여도 되지 않을까?

안 사던 명품을 사면서 평소보다 지출이 늘었으나 1년이 지나서 총수입과 지출을 따져보니 돈이 남았다. 버는 만큼 쓰는 것도 맞는 말이고, 쓰는 만큼 벌게 되는 것도 희한하지만 맞는 말이다.

돈 쓰면서 말버릇처럼 '중고차 한 대 값 썼네. 이 정도면 중고차 뽑았네.' 말했더니 정말 중고차 한 대를 뽑아서 요즘은 내 인생 처음으로 주차 고민을 다 하고 있다.

말이란 게 참 신기하다. 새 차 한 대 값 썼다고 안 하고 중고차 한 대 값이라고 하니까 정말 딱 중고차 살 돈만 생기는 걸 보라.

그러니까 우리 모두 이제부터 겸양 떨지 말고, 욕심은 최대치로 부리는 거다. 내가 아무리 마음껏 욕망을 뻗친다 해도 내 능력이 닿는 부분까지만 눈에 들기 때문에 감당 안 되는 것들은 레이더에 들어오지도 않는다. 있는 줄도 모르는 걸 갖고 싶어질 수는 없으니까 분에 넘치는 소비란 애초에 성립 불가다.

갖고 싶어진다는 건 가질 만하다는 뜻이라고 믿는 나는, 앞으로 더욱 좋은 것들이 내 눈에 들기를 바란다.

더 고차원적인 게 눈에 들어와 지금 생각으로는 말도 안 되는 게 갖고 싶을 때 그 마음을 부정하지 말고, 내가 되고 싶은 대로 되기 위해 끊임없이 발전을 도모해 새로운 활로를 찾게 될 거라고 기대한다. 그러다

보면 현실이 내 욕망 비슷하게라도 따라올 거다.

해! 해! 해!

사! 사! 사!

돼! 돼! 돼!